Аллан & Барбара Пиз

ПОЧЕМУ МУЖЧИНЫ ХОТЯТ СЕКСА

— *а* —

ЖЕНЩИНЫ ЛЮБВИ

ЭКСМО
Москва
2010

УДК 159.922.1
ББК 88
П 32

Allan & Barbara Pease

WHY MEN WANT SEX AND WOMEN NEED LOVE

Перевод с английского *Татьяны Новиковой*

Оформление переплета *Екатерины Гузняковой*

Пиз А.

П 32   Почему мужчины хотят секса, а женщины любви / Аллан &
Барбара Пиз ; [пер. с англ. Т. Новиковой]. — М. : Эксмо, 2010. —
320 с. : ил.

ISBN 978-5-699-37327-7

Ни для кого не секрет, что в одинаковых ситуациях мужчины и женщины чаще всего ведут себя совершенно по-разному. Когда же дело касается интимной жизни, различия в поведении и в отношении к одним и тем же вещам могут достигать просто космических масштабов, что отнюдь не способствует укреплению взаимопонимания и, более того, реально мешает получать удовольствие от естественных радостей жизни! Почему так происходит и как этого избежать — в новой книге всемирно известных психологов Аллана и Барбары Пиз. Авторы знаменитого «Языка телодвижений» предлагают свою помощь в решении самых острых коммуникационных проблем, возникающих между близкими людьми. А попутно отвечают на вопросы: почему мужчины и женщины воспринимают любовь по-разному? Чего на самом деле хотят мужчины? Что их больше всего возбуждает? Какие мужские качества ценятся женщинами? Почему у нас иногда бывает случайный секс? Как найти идеального партнера? Почему секс — отличное средство от головной боли? Как раз и навсегда улучшить свою личную жизнь?

УДК 159.922.1
ББК 88

ISBN 978-5-699-37327-7

Вступление

Сью была в ярости. Да, она просила темненького мальчика с крупным носом, похожего на кинозвезду, но это было слишком!

Сегодня мы сталкиваемся с такими сексуальными ситуациями и обстоятельствами, с какими никогда не сталкивались наши предки. Мы можем изменять собственную репродуктивную способность с помощью гормонов, искусственного осеменения и экстракорпорального оплодотворения. Мы можем знакомиться с новыми партнерами через брачные агентства и Интернет. Мы можем улучшать свою внешность с помощью пластической хирургии и косметики. Мы можем получить совершенно новую жизнь буквально на блюдечке. Ни одному другому виду животных это не доступно.

Люди — настоящие специалисты в изучении брачного поведения других видов. Мы можем предсказывать поведение животных, даже менять его. Мы можем создавать новые породы животных, которые будут выглядеть совершенно по-другому. А вот когда речь заходит о поиске партнеров для себя, успеха добиваются лишь немногие представители человечества. Еще меньше людей понимает содержание самого процесса поиска и подбора пары. Большинство животных не испытывает трудностей в поиске партнеров и установлении отношений. У самки начинается течка, самец спаривается с ней — и все кончено.

> *Человек — единственное животное,*
> *у которого есть проблемы*
> *с брачными играми.*

Состояние отношений с партнерами (или отсутствие партнеров) — это постоянная тема разговоров, особенно женских разговоров, во всем мире. Немногое приносит нам такую радость и восторг, как личные отношения. Но в то же время отношения могут приносить огромную боль и отчаяние. Любовь всегда была и остается наиболее распространенной темой музыкальных произведений, мыльных опер, романтических книг, фильмов и поэзии. Любовь доступна всем народам, и во всех языках есть слова для описания этого чувства.

Так что же такое любовь? Этот вопрос человек задает себе на протяжении нескольких тысяч лет. Ученые пытаются определить природу любви с помощью всех возможных наук. И каждый хочет убедить остальных в своей правоте. Но ни один полученный до сих пор ответ нельзя считать окончательным. Любовь — чувство ускользающее и неуловимое. Неудивительно, что у него есть столько определений и истолкований.

А почему мы занимаемся сексом? Что заставляет мужчин постоянно стремиться к сексу? Что заставляет женщин постоянно добиваться от мужчин обязательств? В этой книге мы ответим на ваши вопросы. Мы покажем, почему начинаются секс, любовь и романтика, расскажем о научных данных, которые доказывают, что любовь «живет» в мозгу, и научим, как вести себя, чтобы ваша личная жизнь доставляла вам только радость. Мы использовали специальные исследования, эксперименты ученых, собственную информацию и анекдоты, чтобы вам было легко и приятно читать нашу книгу.

ПОИСК «ЕДИНСТВЕННОГО»

Большинство людей живет с убеждением в том, что в один прекрасный день они встретят своего «единственного» — того особого человека, с которым можно будет прожить всю жизнь. Но у очень многих эти ожидания не оправдываются. Большинство людей вступает в брак, считая, что «только смерть разлучит их». Однако количество разводов во многих странах уже превышает 50% от числа заключенных браков, а количество внебрачных связей оценивается в 30—60%, при этом женщины изменяют реже, а мужчины чаще.

....

Соотношение разводов среди тех, кто сначала живет вместе, а потом вступает в брак, достигает 25% в Канаде и Испании и превышает 50% в Швеции, Норвегии и Франции.

....

Неспособность создать семью большинством людей рассматривается как личная неудача. Миллионы людей обращаются к психотерапевтам, однако те убеждают их, что конфликты в личных отношениях являются нормой.

В 80-е годы считалось, что человеческое поведение преимущественно является усвоенным и может быть изменено. Но теперь мы знаем, что большинство наших реакций являются врожденными. На самом деле с конца XX века ученые, изучающие человеческое поведение, совершили огромное множество открытий, которые доказывают, что человек рождается со встроенной в мозг «схемой», которая и определяет его поведение. Мы также знаем, что на наши мысли и поступки влияют культурные факторы и внешние силы — например, общение с учителями, друзьями, родителями и коллегами. Следовательно, природные данные и наши поведенческие навыки, приобретенные в процессе воспитания в определенной окружающей среде, связаны неразрывно. Представьте свой мозг в виде операционной системы сложного компьютера. В ней есть установки по умолчанию, которые включаются в моменты стресса, — это врожденные инстинкты. Приобретенная часть — это то, что получено под воздействием внешних факторов, окружающей среды, которая выполняет роль программного обеспечения, управляющего «железом» нашего мозга.

*Природные данные — техническая
часть нашего мозга; то, с чем мы
рождаемся. Воспитание
(поведенческие навыки) — то, что мы
приобретаем в результате контактов
с окружающей средой.*

Мы не хотим сказать, что люди являются заложниками ДНК. В человеческом мозгу имеются лобные доли, которые позволяют нам выбирать образ действий. Но очень важно понимать, что при этом у каждого из нас есть «багаж», полученный от предков. Развитие коры головного мозга — той его части, которая получает информацию от органов чувств, управляет памятью и мыслительными процессами, — позволяет нам мыслить, совершать выбор и во многих случаях подниматься выше унаследованной планки. А вот когда речь заходит о сексе, любви и романтике, наследственные механизмы заставляют нас формировать те же предпочтения и совершать те же поступки, какие были характерны для наших предков. Вы увидите, что избежать этого невозможно. Если ваш мозговой компьютер находится в состоянии стресса или просто сломался, он начинает действовать по примитивным встроенным установкам. Искусственная среда «равенства» создана людьми, которые предполагают, что все люди хотят одного и того же. Это не что иное, как политкорректное программное обеспечение.

Мы — мужчины и женщины, и от секса и любви нам нужно не одно и то же. Речь идет не о лучшем или худшем, просто о *разном*. И это определяется «железом» нашего мозга. Мы можем совершать сознательный выбор собственных желаний, но внутренний компьютер все равно направляет нас туда, куда ему нужно.

Мы покажем вам, что женщины точно так же заинтересованы в сексе (ну или в «занятиях любовью», как они любят это называть), как и мужчины. Мы объясним, что сексуальные желания мужчин и женщин возникают в различных обстоятельствах и условиях, что у мужчин и женщин разные приоритеты. Мы проанализируем то, чего на самом деле хотят мужчины и женщины, поговорим о случайном сексе и о супружеской измене. Мы расскажем вам о сексе и любви то, чего большинство людей просто не знает. И мы расскажем вам о разработанной нами стратегии, которая заметно повысит вашу рыночную стоимость в брачных играх.

*Что такое «заниматься любовью»?
Это то, что делает женщина, когда
мужчина занимается с ней сексом.*

ПОЧЕМУ В ЗАПАДНОМ МИРЕ
ТАК ОТНОСЯТСЯ К СЕКСУ

Большинство существующих в западном мире сексуальных предубеждений можно приписать британской королеве Виктории и ее супругу Альберту. Годы правления Виктории (1837—1901) характеризовались строгими моральными устоями, сексуальным подавлением и низкой терпимостью к преступности. Существование женской гомосексуальности категорически отрицалось, а мужская гомосексуальность считалась преступлением. Благодаря существованию Британской империи, викторианские ценности распространились по всему миру.

В период расцвета Викторианской эпохи ножки мебели (например, роялей или столов) драпировали, чтобы они не вызывали сексуального возбуждения. Купальные костюмы закрывали все тело мужчин и женщин. Виктория даже издала указ, по которому в приличном обществе нельзя было упоминать куриную грудку. Она запретила рекламу женского белья. Неудивительно, что и сейчас большая часть общества считает наготу и сексуальное возбуждение синонимами.

*В Викторианскую эпоху в смешанном
обществе считалось неприличным
произносить слово «нога»;
следовало говорить «конечность».*

Викторианских женщин учили никогда не заигрывать с мужчинами и не предаваться сексуальным фантазиям. Они должны были целиком посвящать свою жизнь мужу, семье и стране. Социальный успех мужчины отчасти основывался на пассивности его жены. Считалось, что у женщин вообще нет сексуальных потребностей. В то время многие полагали, что женщины не любят секс и мужчинам приходится всячески склонять их к этому неприятному занятию. В книгах того времени писали, что хороший муж не должен заниматься с женой сексом чаще одного раза в полгода. В таких книгах давалось множество советов мужчинам о том, как подавить свои сексуальные желания. Самый распространенный совет викторианской женщине: лечь на спину, закрыть глаза и «думать об Англии».

Как англичанин узнаёт, что его жена умерла? Секс остается прежним, но в раковине скапливается много грязной посуды.

Скорее всего, ваши бабушки или прабабушки родились именно в то время. И викторианское отношение к сексу передалось вам от родителей, даже если вы этого не осознаете. Если вы ощущаете неловкость при упоминании слова «секс», если сексуальные анекдоты смущают вас настолько, что вы пытаетесь сменить тему разговора, то, скорее всего, подобный дискомфорт объясняется влиянием на вас викторианских ценностей. Вот почему в англоязычных странах, и в особенности в Британии, существует так много сексуальных запретов, которых нет в европейских странах, *не* испытавших на себе влияния викторианских ценностей. Если у вас нет культурных связей с Викторианской эпохой, но вы все же ощущаете неловкость при обсуждении вопросов секса и сексуальности, то, скорее всего, это связано с религией. Кроме того, некоторые лидеры сознательно используют собственную власть и принуждают своих последователей придерживаться той же извращенной морали.

СТАТИСТИКА

Сегодня около половины браков распадается, причем 85% разводов происходит по инициативе женщин. Установлено, что в одной только Великобритании ежедневно совершают самоубийство трое мужчин, столкнувшихся с необходимостью выплачивать непосильные алименты. Система основана на принципе: больше зарабатываешь, больше плати. Эти мужчины не могут двигаться вперед, ощущая подобные кандалы. Семья и дети делают жизнь прекрасной, но, когда отношения заканчиваются разрывом, люди страдают и даже совершают самоубийства. Вот почему так важно понимать, каким образом мозг подбирает нам партнеров.

В Европе на каждый брак приходится один развод. Это означает, что все меньше людей создают семьи и все больше браков распадается. Около 30% повторных браков также заканчиваются разводами.

В этой книге мы использовали не фольклор, не мифы, не предсказания звезд и не политкорректные идеалы, а современные научные данные. Большая часть из того, о чем мы будем говорить, основана на статистике. Мы проанализировали огромное количество исследований — от чисто эмпирических и научных экспериментов до социологических опросов, проведенных разными учеными (в том числе и нами самими). Мы старались найти ответ на вопрос, почему люди ведут себя так, как они себя ведут, и почему мыслят именно так, а не иначе. Если наши идеи не находили научного и достоверного подтверждения, мы от них отказывались.

Мы работали над этой книгой шесть лет. За это время у нас (людей среднего возраста) с помощью экстракорпорального оплодотворения родилось двое детей. Мы боролись с раком простаты и всем, что с этим связано. Мы преодолели множество препятствий, которые могли бы положить конец любовной жизни любой пары. И то, о чем мы будем говорить в этой книге, основано не только на научных данных, но еще и на нашем личном опыте, наблюдениях и стратегиях, а также на опыте тех, с кем мы встречались на жизненном пути.

Итак, получайте удовольствие!

Аллан и Барбара Пиз

Глава 1

СЕКС — ДЕЛО МОЗГА

Тут сказано: «Вставьте стержень А в прорезь В»

Страсть, влюбленность, романтика, всепоглощающая любовь, мурашки по коже — так мы описываем ощущение экстаза, восторга, счастья и неземного блаженства, которое в тот или иной момент жизни испытывал почти каждый из нас. Но вместе с этим приходят чувства боли, страдания, разочарования, мучения и горя. На протяжении тысяч лет специалисты безуспешно пытались определить, что же такое романтическая любовь. И, как правило, они приходили к выводу о том, что это чувство управляется силами, не поддающимися контролю со стороны человека, то есть является сверхъестественным, мистическим или спиритическим. Однако мы с легкостью определяли остальные человеческие состояния, такие как депрессия, тревожность, навязчивые мысли и страх.

С 70-х годов люди испытывают глубокую духовную тоску по любви. Эта тоска порождена разрушением социальных структур, которые позволяли нам поддерживать близкие связи с друзьями, родными и любимыми и которые являлись абсолютной нормой на протяжении тысяч лет. Мы развивались как животные, которые заботятся о своем потомстве, защищают его, любят друг друга и зависят друг от друга. Мы должны были существовать коллективно — как социальные и семейные ячейки. Старшие поколения заботились о детях, а среднее поколение работало и добывало пищу. По вечерам старшие рассказывали детям сказки, давали им жизненные уроки и знакомили с наследием. Такого рода семейные структуры сейчас существуют только в примитивных культурах — на Ближнем Востоке, в Азии и Средиземноморье, а также в странах третьего мира. И по мере того как все больше людей предпочитает оставаться в одиночестве, подобная социальная норма распространяется все шире. Миллион лет общество строилось на союзе мужчины и женщины. Современное же общество отталкивает их друг от друга. Разрушение основной семейной структуры ведет к утрате ценностей, безотцовщине и эмоциональному хаосу.

ОДИНАКОВЫЕ ЦЕЛИ, РАЗНЫЕ ДЕЙСТВИЯ

Когда дело касается любви и секса, мужчины и женщины ведут себя совершенно по-разному, и объяснение этому кроется в нашем прошлом. Проще говоря, современных мужчин возбуждают визуальные образы и признаки женского здоровья, плодовитости и молодости, тогда как женщин заводят образы мужской власти, статуса, обязательств и материального благополучия — точно так же, как их предшественниц. На самом деле за сотни тысяч лет в смысле сексуальных стимулов и потребностей практически ничто не изменилось. Подобная идея не пользуется популярностью в политкорректном мире, где стало модно говорить, что мужчины и женщины хотят от жизни одного и того же, руководствуются одними и теми же мотивами, предпочтениями и стимулами. Но, читая эту книгу, вы убедитесь в том, что это мнение весьма далеко от истины. Пожалуй, в глубине души вы и сами *знаете*, что это не так. Этот миф распространяют люди, стремящиеся к власти, — бюрократы, церковные лидеры, феминистки и другие политически мотивированные личности. Возможно, говорить, что мужчины и женщины мыслят одинаково и хотят одного и того же, вполне политкорректно. Но если вы будете общаться с ними или руководить ими, то сразу же поймете, что политкорректно — не значит правильно.

СИЛА ЛЮБВИ

Дэвид Басс, профессор психологии из Университета Техаса в Остине, известен во всем мире своими эволюционными исследованиями сексуальных различий человека в подборе партнера. Он и его помощники изучали романтическую любовь в 147 странах. Ученые нашли эмпирические доказательства романтической любви в наскальных росписях, манускриптах, стихах, песнях и книгах. Большинство людей, думая о любви, видят в ней только положительные стороны. Они представляют, как смотрят в глаза любимого человека, держат его за руку, распевают серенады, занимаются любовью и испытывают теплые, приятные чувства. Но у любви есть и оборотная сторона. Басс и другие исследователи нашли немало свидетельств использования приворотных средств и амулетов, привораживания, любовных проклятий, самоубийств и убийств, продиктованных любовью — завоеванной или потерянной. И сейчас каждое четвертое убийство совершается из-за несчастной любви. Супруги, любовники, соперники, преследователи и изменники погибают во всем мире. Практически у каждого народа есть свой вариант истории Ромео и Джульетты.

Жертвы несчастной любви часто страдают депрессией, некоторые даже пытаются совершить самоубийство. В результате многие из них становятся пациентами психиатрических клиник.

Неистребимая потребность в любви поселяет в нас возбуждение, отчаяние, страх, желание мести — и зачастую эти чувства возникают в человеке одновременно.

И поскольку романтическая любовь универсальна и знакома каждому народу на земле, она должна иметь под собой биологическую основу. Другими словами, любовь не может быть народной традицией, как идолопоклонство или религия. Любовь — это мощная сила, которая живет в каждом из нас.

БИОЛОГИЯ ЛЮБВИ

Ученые, исследующие работу человеческого мозга в состоянии влюбленности, пришли к выводу о том, что за спаривание и воспроизводство отвечают три отдельные мозговые системы — страсть, романтическая любовь и длительная привязанность. Каждая из этих систем связана с гормональной активностью, которая вызывает определенные чувства и изменения поведения. Анализируя любовь в разрезе этих трех систем, гораздо проще определить, на какой стадии находится влюбленный, и понять его действия.

Цель этой главы — помочь вам разобраться с основными мозговыми функциями, управляющими страстью, романтической любовью и длительной привязанностью. Мы попытались сделать разъяснения максимально короткими и простыми. Говоря о конкретных зонах мозга, вы должны понимать, что эти участки являются частью общей мозговой системы. Мы бесконечно благодарны профессору Грэму Джексону из Института исследований мозга в Мельбурне за помощь в этой области. Мы упростили информацию, чтобы сделать ее более доступной для читателей. В то же время мы понимали, что не следует стремиться к чрезмерному упрощению. Эти знания очень важны, потому что будут использоваться на протяжении всей книги. Для любителей научной литературы мы использовали медицинскую терминологию, но вам всего лишь нужно понять значимость данной информации для вашей любовной жизни. Мы будем обсуждать принципы, которые актуальны для большинства людей, а не для меньшинств или исключений.

Доказано, что любовь является результатом образования конкретных химических веществ в определенных участках мозга. Проще говоря, любовь возникает благодаря комбинации химических веществ, таких как допамин, окситоцин, тестостерон, эстроген и норэпинефрин. Практически те же самые вещества заставляют других млекопитающих искать себе подходящих партнеров. Как только наш мозг заметил партнера, подходящего нам по ряду критериев, о которых мы поговорим позже, он начинает вырабатывать вещества, необходимые для создания среды, привлекательной для данного партнера.

На протяжении всей человеческой истории браки заключались из-за богатства, статуса, семейного соперничества и политических соображений. Сегодня такой подход в западном мире практически не существует. Большинство людей женится по любви.

Когда речь заходит о выборе партнера, люди сосредоточиваются только на одном человеке. Это отличает их от большинства других животных. Ухаживающий голубь распушает перья и обольщает столько потенциальных партнерш, на сколько у него хватает энергии. Люди же обычно сводят список кандидатов к минимуму, но преследуют свою цель очень энергично.

ЛЮБОВЬ С ПЕРВОГО ВЗГЛЯДА

Явление «любви с первого взгляда» научно доказано и свойственно большинству животных. Да и проявляется она у всех одинаково.

Рэй делал покупки в супермаркете и случайно бросил взгляд за коробки с кукурузными хлопьями. Увиденное потрясло его до глубины души. Рэя охватила эйфория, у него закружилась голова. В соседнем проходе стояла женщина, которая сразу же пленила его сердце. Ее нельзя было назвать красивой в обычном смысле этого слова, но в ее внешности и манере двигаться было нечто необыкновенное. Рэй сразу же понял, что влюблен. Ему достаточно было взглянуть на эту женщину, и его тут же охватывало невероятное возбуждение. У Рэя буквально мурашки забегали по коже.

Но наряду с чувством восторга и эйфории от встречи с этой замечательной незнакомкой в душе Рэя поселилось и отчаяние. Он знал, что она никогда не будет принадлежать ему.

Если вы когда-либо испытывали любовь с первого взгляда, то в тот момент ваш мозг вырабатывал большое количество допамина и норэпинефрина. Вы чувствовали себя, как настоящий наркоман. То же самое происходит и с другими животными. Возьмите, к примеру, полевую мышь. Если самка почувствует даже самый легкий запах мочи самца, в ее организме произойдет та же реакция, что и в человеческом, — выброс допамина и норэпинефрина. Одно исследование показало, что когда течной овце показывали снимки баранов, уровень норэпинефрина в мозгу животного повышался. Хотя у большинства животных этот эффект длится несколько секунд или минут, у человека он может длиться месяцы и даже годы.

Сегодня ученые считают, что любовь с первого взгляда — это абсолютно реальное явление. Ученые, работающие в этой области, считают, что в стабильном обществе, где люди не испытывают страха смерти или войны, страсть, романтическая любовь и длительная привязанность являются лучшими и наиболее эффективными способами продолжения человеческого рода.

ТАК ПОСТУПАТЬ МЕНЯ ЗАСТАВЛЯЕТ ДАРВИН

Страсть основывается на выбросе сексуальных гормонов — тестостерона и эстрогена. Эти гормоны заставляют человека немедленно стремиться к физическому удовлетворению. Страсть активизирует два основных участка мозга — гипоталамус, который управляет первобытными функциями, такими, как голод и жажда, и мозжечковую миндалину, то есть центр возбуждения. В приступе страсти вырабатывается большое количество до-памина, который способствует выработке тестостерона и повышению сексуальной привлекательности. Это происходит, когда вы впервые видите человека, который вызывает в вас страстное желание обладать им.

В 2006 году в Университете Чикаго было проведено исследование, которое доказало, что даже во время простого разговора с незнакомой женщиной уровень тестостерона в организме мужчины повышается на 30%. Чем сильнее эта гормональная реакция, тем сильнее меняется мужское поведение. Исследование также показало, что повышение уровня тестостерона у женатых мужчин и отцов происходит менее значительно, чем у одиночек, которые «еще в игре», потому что отцы увлечены родительской ролью, и уровень окситоцина в их организме выше, чем у холостяков, которые все еще ищут, кому бы передать свои гены.

Страсть, вне всякого сомнения, ведет к продолжению рода и способствует выживанию человечества. Страсть необходима в экстремальных условиях, когда на романтику просто нет времени. Кроме того, женщины способны выносить за год только одного ребенка. А следовательно, без страсти люди оказались бы на грани вымирания — мы слишком медленно воспроизводимся, и поэтому мать-природа сделала нас страстными существами. Вот почему люди в опасных ситуациях, например, в военное время, испытывают сильнейшую страсть даже к совсем посторонним людям. Если жизни угрожает опасность, человек испытывает страстное желание передать свои гены.

Короче говоря, страсть, любовь с первого взгляда и навязчивые, целенаправленные аспекты земной любви — это виды поведения, которые сформировались для ускорения спаривания и обеспечения более высокой вероятности успешного воспроизводства человека.

ДАВАЙ ЗАЙМЕМСЯ ЛЮБОВЬЮ

Основной гормон, отвечающий за сексуальное желание, это тестостерон. В организме мужчины содержание тестостерона в 10—20 раз больше, чем в женском. Вот почему мужчины так сильно и часто хотят секса. Тестостерон делает мужчин более крупными, более волосатыми, более сильными, более агрессивными и более сексуально страстными. А вот содержание окситоцина в мужском организме значительно *ниже*, чем в женском. Окситоцин, который называют еще «гормоном ласки», в больших количествах вырабатывается в мужском и женском организме во время оргазма. Как только у мужчины может возникнуть новая эрекция, уровень окситоцина падает. Вот почему ласки после секса так важны для женщин и практически не нужны мужчинам.

В 2006 году Ребекка Тернер, профессор факультета организационной психологии международного университета в Сан-Франциско, доказала, что окситоцин является основой для человеческой эмоциональной привязанности. Когда люди влюблены, то есть испытывают эмоциональную привязанность, уровень окситоцина в их организмах довольно высок. Этот гормон вызывает теплые, нежные чувства, которые мы испытываем по отношению к предмету нашего желания. Более высокий, чем у мужчин, уровень окситоцина объясняет, почему женщины в начале новых отношений влюбляются сильнее мужчин. Чем больше окситоцина вырабатывается в их организме, тем более заботливыми они становятся и тем глубже их эмоциональная связь с мужчиной. Женщине достаточно услышать имя любимого, почувствовать запах его одеколона, подумать о нем или услышать песню, под которую они танцевали, как уровень окситоцина в ее организме повышается. Дорогая одежда, идеальный макияж, обилие украшений и новая спортивная машина не могут замаскировать эмоциональное состояние женщины. Если она чувствует себя любимой и обожаемой, гормоны вызывают прилив крови к щекам, что заставляет женщину «сиять». Она буквально излучает счастье. Если же она чувствует себя нелюбимой и никому не нужной, это заметить еще проще.

---

*В чем разница между мужчинами
и женщинами?
Женщина хочет, чтобы один мужчина
удовлетворял все ее маленькие
прихоти.
Мужчине же нужно, чтобы все
женщины удовлетворяли одну его
маленькую прихоть.*

Исследования Дэвида Басса показали, что на этапе влюбленности уровень тестостерона в организме мужчин понижается, а окситоцина повышается, что ускоряет процесс формирования эмоциональной связи. Это делает мужчин мягче, нежнее и общительнее. В то же время уровень тестостерона в организме женщин повышается, и это объясняет возбуждение и уверенность, которые любая женщина ощущает в начале новых отношений. Повышение уровня тестостерона заставляет женщин желать секса, и это создает иллюзию того, что мужчины и женщины стремятся к сексу одинаково. Когда же период влюбленности через три-девять месяцев заканчивается, сексуальность партнеров возвращается к нормальному состоянию. И тогда у мужчины создается впечатление, что женщина не любит секс, а женщине кажется, что она связалась с сексуальным маньяком. На этом многие отношения заканчиваются.

ПОЧЕМУ ВЛЮБЛЕННЫЕ СХОДЯТ С УМА ДРУГ ОТ ДРУГА

Джозефине 33 года. Она мать-одиночка и всю свою жизнь посвятила детям. Через полгода работы на новом месте она попала на корпоративную рождественскую вечеринку. Вечеринка проходила на круизном корабле в Сиднейском заливе. Джозефина выглядела прекрасно. Многие мужчины говорили ей комплименты и смотрели на нее с восхищением. Это вселило в нее уверенность в себе, и она почувствовала себя красивой. Корабль заскользил по залитой лунным светом воде. В этот момент Джозефине представили Рика, симпатичного молодого человека из мельбурнского офиса. Как только они пожали друг другу руки, сердце Джозефины забилось быстрее. Рик был высоким, темноволосым, привлекательным, веселым. Казалось, его так же влечет к ней, как и ее к нему. После танцев и романтического ужина они проговорили всю ночь и провели вместе следующий день и вечер. Джозефина была полностью очарована.

Возвращение домой к детям было чудесным, но она продолжала думать о Рике и о проведенном с ним времени. Она гадала, скучает ли он по ней так же, как и она по нему. За следующие несколько дней она даже похудела, потому что не могла есть. Джозефина могла думать только о Рике. Она начала звонить ему каждый час, чтобы сказать, что мечтает о нем. Она посылала ему текстовые сообщения по утрам. Она стала покупать ему подарки, чтобы показать, как он ей дорог. Дети начали чувствовать себя заброшенными, их поведение стало меняться к худшему, но она не обращала на это внимания. Джозефина отменила курс стоматологического лечения для сына, а на эти деньги купила билет на самолет, чтобы встретиться с Риком. Ей казалось, что настало время подумать о собственных потребностях и начать жизнь заново.

Во многих отношениях изменения в поведении во время романтической любви напоминают психоз. С биохимической точки зрения страстная любовь очень похожа на наркоманию. Доктор Джон Марсден, руководитель Британского национального центра зависимостей, выяснил, что любовь вызывает такую же сильную зависимость, как кокаин и скорость. Он считает романтическую любовь ловушкой, основная цель которой удержать партнеров вместе достаточно долго. Антрополог Хелен Фишер, автор книги «Анатомия любви», называет влюбленность «определенной последовательностью химических реакций, которые происходят в мозгу и напоминают психическое заболевание». Доктор Фишер считает, что во время влюбленности активизируются те же участки мозга, что и при употреблении кокаина, и человек испытывает то же сильное возбуждение, что и при приеме наркотиков. Исследователи также связали романтическую любовь с путями распространения допамина, гормона, отвечающего за ощущение эйфории, страстного желания и зависимости.

МУРАШКИ БЕГУТ ПО СПИНЕ

Химические вещества, которые вырабатываются в мозгу при возникновении новой любви, вызывают различные физические ощущения и реакции. Об этом говорят около 90% влюбленных. Люди теряют сон и аппетит, испытывают прилив крови к щекам, возбуждение, неловкость, эйфорию, ощущение мурашек, учащение дыхания и сердцебиения, головокружение, слабость в коленях, у них потеют ладони, они начинают заикаться. Многие из этих реакций связаны со страхом быть отвергнутым любимым человеком, так что все это является эволюционным блоком возбуждения и страха, испытываемых одновременно. Влюбленные не только испытывают эти эмоции, но еще и постоянно изучают лицо любимого человека, ища признаки взаимности.

Кэрол Кинг идеально описала химические реакции, происходящие в процессе влюбленности, в тексте своей песни 1970 года «Я чувствую, как земля уходит из-под ног». Певица поет о том, как ее бросает из жара в холод, как она теряет эмоциональный контроль, как начинает стучать ее сердце, как небо падает, когда любимый рядом. Точно такие же ощущения испытывает любой наркоман.

Любовь может стать восхитительным аттракционом, и такое случается неожиданно для большинства людей. Они не готовы контролировать свои чувства и не могут этого сделать. Эти ощущения возникают в части мозга, отвечающей за подсознание и первобытные инстинкты, — в коре. Эта часть гораздо сильнее рациональной, мыслящей части. Вот почему влюбленные ведут себя иррационально. Точно так же реакция «дерись или беги» заставляет человека при встрече со львом бежать сломя голову, а не спокойно и трезво обдумывать план спасения.

Любовная эйфория вдохновляла поэтов и композиторов на создание лирических любовных песен, мелодий и трогательных стихов. А других та же самая любовь делала жертвами ревности и паранойи. Недавно проведенные исследования показывают, что любовь может кардинально улучшить здоровье человека, даже излечить рак и другие тяжелые болезни. Любовь заставляет нас продолжать жить с теми, чье поведение опасно для нашего благополучия, и такое случается довольно часто.

ЕСТЬ НЕ МОГУ, СПАТЬ НЕ МОГУ

Стадию влюбленности часто называют болезнью. Влюбленные говорят, что не могут есть, плохо спят. Они демонстрируют стандартное компульсивное поведение — например, звонят своим любимым по 20—30 раз в день. Такое поведение связано с низким уровнем серотонина и высоким уровнем окситоцина. Серотонин — это нейротрансмиттер, который повышает концентрацию, степень внимания и четкость восприятия окружающей обстановки и ощущение благополучия.

Депрессия и пищевые расстройства также связаны с понижением уровня серотонина. Действие антидепрессантов как раз и направлено на повышение уровня этого вещества. В женском организме естественное содержания окситоцина на 30% выше, чем в мужском. Это явление в сочетании с низким уровнем серотонина объясняет, почему женщины чаще «сходят с ума» от своих партнеров и даже демонстрируют навязчивое поведение.

«Любовь — это всего лишь грязный трюк, направленный на продолжение рода».
У. Сомерсет Моэм

В 2007 году Серж Брэнд и его коллеги из университетской психиатрической клиники в швейцарском Базеле опросили 113 человек в возрасте 17 лет. 65 из них сказали, что недавно влюбились. Брэнд выяснил, что влюбленные подростки меньше спят, чаще проявляют компульсивное поведение и обладают «массой безумных идей и творческой энергией». Влюбленные подростки более склонны к рискованному поведению — экстремальному вождению или банги-джампингу. Брэнд показал, что подростки на ранних стадиях интенсивной романтической любви ничем не отличаются от пациентов, страдающих гипоманией. Другими словами, иногда бывает трудно отличить влюбленного подростка от человека, которого со всеми на то основаниями считают психически больным.

Если вы когда-нибудь говорили,
что сходите с ума по кому-то, то были
совершенно правы.

ЧТО ПОКАЗЫВАЕТ СКАНИРОВАНИЕ МОЗГА

Новые технологии, такие как ядерно-магнитный резонанс (ЯМР) и магнитно-энцефалографическое сканирование (МЭС), открыли перед учеными целый новый мир. Ученые получили возможность изучать работающий человеческий мозг, не причиняя вреда пациенту.

Изучение любовных и сексуальных реакций мозга достигло пика в 2002 году, когда английские нейробиологи Андреас Бартельс и Семир Зеки из университетского колледжа Лондона провели исследование молодых мужчин и женщин, только что вступивших в новые отношения и «безумно влюбленных». Когда этим людям показывали фотографии их любимых, мозговая активность резко менялась в сравнении с тем, когда они смотрели на фотографии близких друзей. Сканирование мозга показало, что романтическое влечение активирует те зоны мозга, где сконцентрированы рецепторы допамина. Допамин, как вы помните, — это нейротрансмиттер, который влияет на ощущение наслаждения. Его часто называют «гормоном счастья». Высокий уровень допамина и норэпинефрина обостряет внимание, улучшает краткосрочную память, приводит к гиперактивности, бессоннице и целенаправленному поведению. Когда партнеры только влюбляются друг в друга, они часто демонстрируют признаки повышения уровня допамина: они полны сил, им не хочется спать и есть, они сосредоточены и находят огромное наслаждение в мельчайших деталях новых отношений. Бартельс и Зеки сравнили результаты сканирования мозга людей, находившихся в различных эмоциональных состояниях — сексуального возбуждения, ощущения счастья и кокаиновой эйфории. Оказалось, что результаты практически идентичны.

ПРИДЕТСЯ ПРИЗНАТЬ: ВЫ — НАРКОМАН ЛЮБВИ

Ниже показаны результаты сканирования мозга «безумно влюбленного» человека и кокаинового наркомана. Убедитесь, что они почти идентичны.

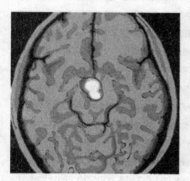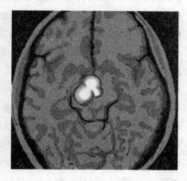

На левом снимке показан участок мозга, активизирующийся у «безумно влюбленного» человека. На правом снимке показан участок мозга, который активизируется при употреблении кокаина

Итак, влюблены ли вы или просто приняли наркотик, ваши ощущения будут одинаковыми. Сканирование также показывает, что у матерей, которые смотрят на своих младенцев, проявляется та же мозговая активность, что и у людей, глядящих на своих любимых. Бартельс и Зеки

Почему мужчины хотят секса, а женщины любви

сделали вывод о том, что романтическая и материнская любовь связаны с продолжением рода, поскольку и любимый человек, и младенец обещают сохранение ДНК.

ГЕОГРАФИЯ СЕКСА И ЛЮБВИ

В 2005 году доктор Люси Браун, профессор медицинского колледжа Альберта Эйнштейна в Нью-Йорке, вместе с самым известным биоантропологом мира, Хелен Фишер из Университета Рутджерса, провели исследование результатов сканирования мозга 17 молодых мужчин и женщин. Эти люди только что вступили в новые отношения и называли себя «безумно влюбленными», то есть они переживали период страсти или начала романтической любви. Сканирование мозга позволило физиологически объяснить, почему во время влюбленности мы ощущаем себя определенным образом — почему любовь является столь сильным чувством и почему отказ вызывает настолько болезненную и мучительную реакцию.

Ученые изучали участок мозга, отвечающий за пристрастия, память, эмоции и внимание, который называется «хвостатым ядром», а также вентрально-тегментальную область — ту часть мозга, откуда допамин поступает в другие участки. Эти области явно выделялись на снимках мозга, когда испытуемым показывали фотографии их любимых. Ученые также сравнили данные сканирования с исследованиями эректильной реакции мужчин на фотографии женщин. Они проанализировали данные, полученные при исследовании пар, которые долгое время были вместе (и людей, и животных). Ученые обнаружили, что в начале периода влюбленности вентрально-тегментальная область выбрасывает допамин в хвостатое ядро. Затем хвостатое ядро посылает сигналы с тре-

Аллан и Барбара Пиз

бованием большего количества допамина. Чем больше допамина вырабатывает ваш мозг, тем счастливее вы себя чувствуете. Фишер и Браун также подтвердили, что «безумная любовь» вызывает ощущения, сходные с наркотическим опьянением, что объясняется гормональной активностью.

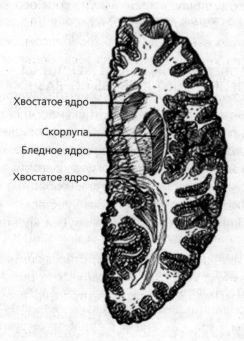

Хвостатое ядро

Скорлупа

Бледное ядро

Хвостатое ядро

Срез головного мозга человека

Фишер и Браун установили, что с романтической любовью в головном мозге связано именно хвостатое ядро. Они обнаружили, что длительная привязанность концентрируется во фронтальной части и основании мозга, в вентральной скорлупе и бледном ядре. Чувства, связанные со страстью и сексуальным возбуждением, воздействуют на другие области, преимущественно расположенные в левом полушарии мозга. Это очень важное исследование снимает покров тайны с любви и позволяет нам относиться к этому чувству более объективно.

---

*Любовь — это химический коктейль из гормонов счастья.
Тех, кто впал в зависимость от этого коктейля, вполне можно назвать «наркоманами любви».*

ПОЧЕМУ МУЖЧИНЫ И ЖЕНЩИНЫ ВОСПРИНИМАЮТ ЛЮБОВЬ ПО–РАЗНОМУ

Фишер и Браун, вместе и по отдельности, проанализировали результаты сканирования мозга более 3000 «безумно влюбленных» студентов, полученные в тот момент, когда им показывали фотографии любимых. Ученые обнаружили, что у женщин, принимавших участие в исследовании, проявлялась повышенная активность хвостатого ядра (мы уже говорили, что область мозга, связанная с памятью, эмоциями и вниманием, «центр удовольствий», — это задняя теменная кора, которая участвует в формировании ментальных образов и воспоминаний). Мужчины, участвовавшие в исследовании, демонстрировали повышенную активность визуального участка коры и зон, связанных с обработкой зрительных образов, в том числе и той области, которая отвечает за сексуальное возбуждение. Бартельс и Зеки пришли к тому же выводу независимо.

Приведенные ниже результаты сканирования мозга иллюстрируют исследование, проведенное доктором Браун. Они показывают, в каком участке мозга «располагается» любовь и почему мужчины и женщины относятся к этому чувству по-разному. Это снимки мозга мужчин и женщин, которые смотрят на фотографии людей, в которых они страстно влюблены.

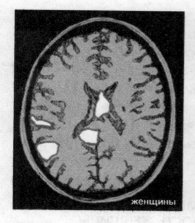 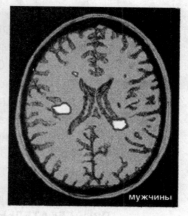

Образы любви. Мужчины и женщины смотрят на фотографии любимых людей. Белым цветом показаны активные области

Вы видите, что у мужчин светлых участков меньше, чем у женщин. Однако, когда эти снимки показываются в цвете, становится ясно, что активизированные участки мужского мозга действуют более интенсивно. Обширные активизированные участки женского мозга гораздо менее активны. У женщин таких участков больше, и расположены они не там, где у мужчин. Это объясняет, почему мужчины и женщины относятся к любовным отношениям по-разному.

В ходе другого исследования людям показывали эротические фотографии и одновременно проводили сканирование мозга. Браун и Фишер не обнаружили на снимках ни одного участка, связанного с «влюбленностью». Как уже отмечалось раньше, они выявили активность гипоталамуса, который управляет такими чувствами, как голод и жажда, а также мозжечковой миндалины, ответственной за возбуждение. Отсюда можно сделать вывод о том, что влюбленность и страсть — это разные состояния, поскольку в мозгу задействуются разные системы.

Почему мужчины хотят секса, а женщины любви

В заключение скажем, что ученые доказали: при оценке представителей противоположного пола на ранней стадии любви в мозгу мужчин и женщин происходят совершенно разные процессы. У мужчин главное орудие оценки сексуального потенциала женщин — глаза. Женщины же оценивают потенциал мужчины в качестве долгосрочного партнера, опираясь на память. Страсть и любовь воздействуют на разные участки мозга. Это вовсе *не* одно и то же.

КАК МУЖСКОЙ МОЗГ ОЦЕНИВАЕТ ПРИВЛЕКАТЕЛЬНОСТЬ ЖЕНЩИНЫ

Когда Бартельс и Зеки показывали мужчинам фотографии привлекательных женщин, испытуемые демонстрировали повышенную активность двух участков мозга: отвечающего за визуальные образы и связанного с пенильной эрекцией (ну надо же, кто бы мог подумать!). Большинство мужчин любит глазами. Они постоянно смотрят на женщин, фантазируют о них и любят смотреть порно. И это не сюрприз для большинства из нас. Ученые выяснили, что когда в мужском мозгу активизируются эти участки, то те зоны, которые отвечают за моральные оценки, в буквальном смысле слова «засыпают».

....

Трехлетний мальчик в ду́ше изучает свои яички.
«Мама, — спрашивает он, — это мои мозги?»
«Пока нет», — отвечает мать.

....

Визуальная мозговая сеть мужчины развивалась на протяжении миллиона лет. Мужчине нужно было смотреть на женщину, чтобы оценить ее способность произвести на свет здоровое потомство и обеспечить продолжение рода. Если женщина была молода и здорова, мужчина сразу же возбуждался и начинал процесс ухаживания. Вот почему мужчины влюбляются быстрее женщин — они более визуально мотивированы, а визуальные рецепторы мгновенны и очень быстро посылают в мозг сигнал, который активизирует выброс гормонов. Это также объясняет и то, почему мужчины более склонны к любви с первого взгляда.

Мужчина использует глаза в первую очередь для оценки потенциала женщины. Когда мужчина заводится, происходит выброс гормонов и, как следствие, эрекция. Эти гормоны могут подавить способность к рациональному мышлению, в результате чего мужчины могут спонтанно принять решения, абсолютно не отвечающие их интересам. В такой ситуации эрекция подавляет рассудок. Подобный вывод вряд ли удивит женщину, имеющую опыт общения с мужчинами. Сканирование мозга, проведенное Дэвидом Бассом, показывает, что подобное поведение является универсальным, межкультурным явлением.

*«Бог дал мужчине пенис и мозг,
но кровь не может одновременно
приливать к ним обоим».*

Робин Уильямс

КАК ЖЕНСКИЙ МОЗГ ОЦЕНИВАЕТ ПРИВЛЕКАТЕЛЬНОСТЬ МУЖЧИНЫ

Анализ результатов сканирования женского мозга показывает нечто совершенно иное. Оценивая мужскую привлекательность, женский мозг активизирует несколько участков, связанных с памятью. В смысле эволюции, запоминание всех деталей мужского поведения — это адаптивная стратегия.

На протяжении сотен тысяч лет женщины растили детей до тех пор, пока те не становились полностью независимыми. Материнство — сложная работа, и у людей она гораздо сложнее, чем у животных. Женщинам необходима поддержка и защита, пока они выкармливают потомство и заботятся о нем. В доисторические времена, когда партнер женщины умирал, ей приходилось тратить массу времени и сил на то, чтобы найти ему замену.

Мужчина способен визуально оценить женщину очень быстро. Женщина же не может просто посмотреть на мужчину и понять, честен ли он, заслуживает ли доверия, способен ли убить зебру камнем с 50 метров и поделится ли с ней добытым мясом. Современная женщина должна помнить то, что мужчина говорил вчера, три недели и три месяца назад. Ей нужно знать, как он относится к детям, добр ли и щедр ли он. Женщина должна знать, как мужчина общается с матерью, где и кем работает, чем занимался в прошлом. Она оценивает его материальное состояние. Только после этого женщина может решить, подходит ли мужчина на роль постоянного партнера. Глядя на фотографию мужчины, она вспоминает других мужчин, обладавших подобными чертами, а потом анализирует их личные качества. После этого ее мозг привязывает эти качества к мужчине, на фотографию которого она смотрит. Женщина словно собирает психологическую головоломку, оценивая характер мужчины на основании данных, полученных от других мужчин. Это не означает, что оценка будет правильной. Просто женщина создает ментальный образ на основании характеров знакомых ей мужчин. Пока женский мозг собирает данные для оценки партнерского потенциала мужчины, мужчина успевает подробно и внимательно рассмотреть женщину. Теперь вы понимаете, почему женщины никогда ничего не забывают и почему мужчин постоянно ловят на том, что они таращатся на женщин.

ПОЧЕМУ СТРАСТЬ НЕДОЛГОВЕЧНА

Донателла Мараццити, психиатр из итальянского университета города Пизы, изучала гормональные изменения, связанные с обсессивно-компульсивным расстройством (ОКР), сосредоточившись на серотонине, то есть на веществе, которое оказывает на мозг успокаивающее действие. Недостаток серотонина ведет к агрессии, одержимости, депрессии и тревожности. Лекарства группы «прозак» борются с подобными состояниями, стимулируя выработку химических веществ в мозгу. Мараццити заинтересовалась тем, почему люди, страдающие ОКР, и влюбленные могут часами сосредоточиваться на конкретном предмете или человеке. Надо сказать, что и те, и другие часто понимают, что их одержимость иррациональна, но не могут контролировать свое состояние. Мараццити измерила уровень серотонина у 20 людей, страдающих ОКР, и у 20 безумно влюбленных. Затем она сравнила полученные результаты с результатами «нормальных» людей, то есть тех, кто не страдал психическим заболеванием и не находился в состоянии влюбленности. Если у «нормальных» людей был нормальный уровень серотонина, то и у влюбленных, и у страдающих ОКР уровень этого гормона был понижен на 40%. Ученые оценили этот показатель по уровню активности белка, переносящего серотонин, в тромбоцитах. Этот эксперимент объясняет, почему ранняя романтическая любовь часто переходит в настоящую одержимость.

Проведя повторные эксперименты с теми же участниками через год и два года, Мараццити обнаружила, что гормональные изменения, вызванные страстью, исчезли полностью, а уровень серотонина вернулся к нормальным показателям даже у тех пар, которые жили вместе. Любящие люди каждый день клялись друг другу в том, что их чувства не изменились, но гормоны говорили о другом. Мать-природа слишком умна: она поддерживает гормональный уровень ровно столько, сколько необходимо для стимулирования достижения эволюционной цели, то есть для воспроизводства потомства.

С помощью того же метода Энцо Эмануэле и его коллеги из итальянского университета города Павии в 2005 году выясняли, влияют ли нейротрофины на романтическую любовь. Они установили, что концентрация нервного фактора в крови у влюбленных добровольцев превышает нормальный уровень, что ведет к усилению интенсивности романтических чувств. Как и Мараццити, Эмануэле и его коллеги также установили, что через год-другой все приходит в норму, даже если партнеры продолжают жить вместе. Ни первоначальная интенсивность любовных чувств, ни концентрация нервного фактора не являются показателем того, долго ли продлятся отношения между партнерами.

В 2008 году в нью-йоркском Университете Стоуни Брук доктор Артур Арон провел интересный эксперимент. Он сканировал мозг партнеров, которые прожили вместе 20 лет, и сравнивал эти данные с данными только что влюбившихся людей. Арон выяснил, что у 10% супружеских пар сохранилась та же мозговая активность и те же химические реакции, что и у влюбленных. И это дает надежду всем нам.

Биохимик Абдулла Бадави из больницы Уайтчерч в Кардиффе доказал, что потребление алкоголя приводит к снижению уровня серотонина в мозгу. Низкий уровень серотонина устраняет запреты и создает иллюзию того, что самый заурядный человек, сидящий на другом конце барной стойки, невероятно привлекателен.

Все эти исследования дают пищу для размышлений тем, кто стремится к прочным и долгосрочным отношениям. Ясно, что нужно выждать пару лет, прежде чем принимать на себя серьезные эмоциональные и финансовые обязательства перед другим человеком, — и очень осторожно выбирать бары!

Но если уровень всех химических веществ, связанных с сильными романтическими чувствами, приходит в норму через пару лет, то что же удерживает некоторых партнеров вместе в течение длительного времени? Мы поговорим об этом в следующих главах.

ЧТО ПРОИСХОДИТ, КОГДА ВАС БРОСАЮТ

Одна из причин того, почему новая любовь столь волнующа, заключается в страхе перед тем, что чувство может оказаться не вполне взаимным и что сказка может неожиданно закончиться.

Фишер, Браун и Арон провели еще один эксперимент. Они проанализировали результаты сканирования мозга 40 молодых мужчин и женщин, которых недавно бросили партнеры. Как и в эксперименте Браун и Фишер

2007 года, исследователи сравнивали два набора снимков: одни были сделаны, когда участникам показывали фотографии друзей, другие — когда участники смотрели на снимки своих «бывших». Результаты показали, что при взгляде на снимок человека, который только что вас бросил, в мозгу активизируются участки, связанные с физической болью, обсессивно-компульсивным поведением, риском и гневом. Таких людей еще сильнее тянет к бросившим их партнерам. Аналогично реакции «дерись или беги», мозг человека заводится для еще одной попытки привлечь внимание бывшего возлюбленного, чтобы избежать боли и страданий. Когда же человек окончательно смиряется с разрывом и перестает отрицать этот факт, активизируются участки мозга, связанные с отчаянием.

Когда вас бросают, ваш мозг требует, чтобы вы начали еще активнее преследовать своего «бывшего».

Когда участники экспериментов видели фотографии своих бывших возлюбленных, в их мозгу срабатывала система выработки допамина, отвечающая за удовольствие и зависимость. При взгляде на снимки друзей такого не происходило. Сканирование мозга брошенных людей объяснило, почему разрыв отношений часто приводит к серьезным проблемам со здоровьем. Когда счастью приходит конец и допамин больше не вырабатывается, его место занимают вещества, которые приводят к депрессии и ослаблению иммунной системы организма, что и вызывает болезни. На эмоциональную встряску и «удаление» закончившихся отношений из вашей «системы» в среднем уходит по месяцу на каждый год отношений. Только через такое время гормональный уровень возвращается к нормальному, здоровому состоянию. Таким образом, если отношения длились, к примеру, два года, у вас уйдет два месяца на то, чтобы прийти в норму и смириться с разрывом. Вот почему пожилые люди, потерявшие партнеров после 50 лет совместной жизни, так и не могут оправиться от сердечной боли.

РЕЗЮМЕ

Итак, сексуальность — это результат действия химического коктейля, который по сигналу мозга выбрасывается в кровь. Этот процесс стимулирует выработку гормонов, преимущественно тестостерона и эстрогена. Обстоятельства, в которых вы находитесь в данный момент, способствуют высвобождению этих веществ. Стимулировать их выработку может песня, запах или человек, обладающий определенными физическими чертами. По мере того как мы становимся старше, уровень гормонов, в частности, тестостерона, падает. Пожилым мужчинам и женщинам, сексуальное желание у которых снижается, часто прописывают инъекции тестостерона. Более подробно об этом мы поговорим ниже, но очень важно понимать, что все романтические идеалы, любовные чувства и эмоциональный подъем, столь характерные для новой влюбленности, связаны с химическими процессами, а вовсе не являются чем-то загадочным и мистическим, во что так любят верить многие люди.

Наука сумела раскрыть подоплеку романтической любви, страсти, секса и привязанности, хотя на протяжении тысяч лет они были окутаны атмосферой тайны и фантазии. Наука просканировала головной мозг ради выявления природы любви. Некоторых это тревожит. Они говорят, что ученые лишают любовь и влюбленность романтики и чуда. На самом деле происходит обратное. Поняв, что заставляет нас совершать тот или иной выбор, осознав, что любовь имеет под собой научную и биологическую основу, а вовсе не базируется на какой-то мистической силе, мы сможем лучше понимать свой выбор и контролировать свое поведение, повышая свои шансы в брачной игре, несмотря на все врожденные и закрепленные в мозгу механизмы. Вместо того чтобы восклицать: «О, как несправедливо устроена жизнь!», можно взять штурвал в свои руки и самому решить, в каком направлении двигаться. Кроме биологии, в игре участвуют и другие силы, и вы вполне в состоянии их контролировать, что мы и постараемся вам доказать.

> *Не понимая, что любовь является*
> *набором химических реакций,*
> *вы можете оказаться жертвой любого*
> *проходимца, оказавшегося*
> *поблизости.*

Когда компания «БМВ» впервые установила на своих машинах систему GPS, некоторые водители утверждали, что она лишает их удовольствия от вождения и открытия новых путей. Но на самом деле система GPS избавила людей от раздражения и злости, от необходимости бессмысленно утыкаться в тупики или долгое время ехать неправильным путем. Иногда заблудиться бывает даже забавно, но наличие новых технологий в вашем кармане или сумочке всегда дает вам запасной план, и об этом мы поговорим в следующих главах.

★ По сути дела, сексуальные предпочтения человека не изменились за сотни тысяч лет.

★ Любовь, страсть, романтика и сексуальное желание — все это химические реакции, происходящие в мозгу.

* Наука доказала, что мужчины и женщины воспринимают любовные отношения по-разному и что любовные чувства у представителей разных полов активизируют разные участки мозга.

* Поняв, что все ваши желания и чувства контролируются химическими реакциями, происходящими в мозгу, вы сможете научиться использовать их в своих целях, а не бороться с ними.

Глава 2
ОТКРОВЕННЫЙ РАЗГОВОР О СЕКСЕ И ЛЮБВИ

Некоторые вещи не меняются в течение миллиона лет

Итак, почему же мы ставим секс на первое место? Вы можете подумать, что ответ на этот вопрос очевиден, или просто сказать, что этот вопрос глуп. Подумайте только — секс, романтика и любовные отношения требуют столько времени и средств. Ужины, отпуска, бесконечные телефонные разговоры и письма, подарки, свадьба, разрыв и развод — все это требует времени и денег. И все ради чего? Во имя продолжения своей генетической линии. Все для того, чтобы ваша ДНК не пропала втуне. У людей секс, который является врожденным навыком, служит сразу нескольким целям. Он позволяет обрести власть, повысить статус, вступить в игру или романтическую связь с другими людьми, как это делают и другие приматы, например, обезьяны бонобо. Но не все живые существа используют секс для воспроизводства потомства. Некоторым растениям, бактериям и простейшим беспозвоночным, например червям, секс не нужен. Они просто размножаются делением, то есть являются асексуальными. Проблема заключается в том, что при делении образуется потомство, идентичное родителю, то есть не сильнее и не лучше приспособленное, чем он. Такому потомству сложнее справляться с изменениями окружающей среды. Потомство асексуальной особи может существовать только в той среде, которая является привычной для его родителя, но среда постоянно меняется. При смешивании генов двух особей получается более сильное и приспособленное к жизни потомство.

Секс — это наследственное. Если им не занимались ваши родители, то и у вас не выйдет.

Это явление было продемонстрировано в 2007 году Мэттью Годдардом из новозеландского Оклендского университета. Он сравнил два вида пшеницы — один был получен сексуальным путем, второй — путем деления. В стабильных условиях оба вида пшеницы росли примерно одинаково. Но когда ученый повысил температуру в комнате, то есть сделал условия более суровыми, пшеница, полученная сексуальным путем, показала лучшие результаты приспособляемости. На протяжении 300 поколений показатель роста у нее увеличился на 94%, тогда как у клонированной пшеницы этот показатель составил всего 80%.

*Секс может быть забавным
и приятным, но в то же время он
требует времени и сил.
В результате получается более
сильное и приспособленное к жизни
потомство.
Вот поэтому-то мы и занимаемся
сексом.*

КАК ИЗМЕНИЛИСЬ ВРЕМЕНА

Вплоть до 40-х годов 42 года считались средним возрастом. В 50 лет впереди была только пенсия, а 60-летних считали стариками. Эти стереотипы поколебали Род Стюарт, Мик Джаггер, Шон Коннери, Дэвид Боуи, Шер, Хью Хефнер, Мадонна, Джоан Коллинз и Пол Маккартни, не говоря уже о многих других.

XXI век — отличное время для тех, кому за сорок, то есть для тех, кто родился и жил в 60-е и 70-е годы, которые оказали огромное влияние на современный образ жизни и культуру. Это поколение открыло для себя здоровый образ жизни и долголетие. Люди научились поворачивать процесс старения вспять. Вплоть до конца XX века типичная женщина за сорок была замужней домохозяйкой, которая чаще пользовалась мясорубкой, чем вибратором. Ее жизнь считалась скучной и монотонной. В ней не было места романтике, сексу и восторгу — точно так же, как в Викторианскую эпоху. Сегодня ролевой моделью для женщин за сорок — и в физическом, и в моральном отношении — служат тридцатилетние. Это первое поколение людей, которые отказываются стареть.

Вот статистические данные, которые характеризуют изменения, произошедшие в современном обществе. Они были получены в 2008 году от статистических бюро тридцати стран западного мира, в том числе Великобритании, Австралии, Новой Зеландии, США, Канады, Германии, Франции, Голландии и Испании:

1. Средний возраст современного жениха — 34 года, средний возраст невесты — 32 года. (Добавьте по три года каждому, и вы получите средний возраст повторных браков.)

2. Средний возраст женщин, родивших первого ребенка, в 2008 году равнялся 30 годам. Каждая шестая пара использовала метод экстракорпорального оплодотворения, поскольку репродуктивная способность падает.

3. Средний возраст разведенных супругов повысился с 37,6 года в 1988-м до 44,2 года в 2007 году для мужчин и с 34,8 до 41,3 года для женщин.

4. Около 40% детей рождаются вне брака.

5. Только 36% пар выбирают церковную церемонию бракосочетания.

6. Около 80% пар, в которых один из партнеров храпит, распадается.

Подобные результаты были немыслимы для предыдущих поколений. Они показывают, насколько изменилось наше отношение к браку и семье за последние годы.

СОВРЕМЕННЫЕ МЕТОДЫ ИЗУЧЕНИЯ ЧЕЛОВЕКА

Сегодня людей все чаще изучают в рамках эволюционной модели, используемой учеными, изучающими поведение животных. К числу таких наук относятся эволюционная психология, эволюционная биология, человеческая поведенческая экология и человеческая социобиология. Все они имеют общее название «человеческая эволюционная психология» (ЧЭП), поскольку основная их цель — это понимание того, почему мы таковы, каковы есть, на основе эволюции. Многие ученые, занимающиеся ЧЭП, начинали с изучения поведения животных. Следовательно, ЧЭП очень сходна с другими поведенческими науками. Ее основополагающий принцип заключается в том, что человеческое поведение развивалось точно так же, как и поведение всех остальных животных. В ЧЭП исследуемое животное, конечно же, умеет разговаривать, что для исследователей является одновременно и преимуществом, и недостатком. Понимание ЧЭП помогает лучше предсказывать реакции и поведение других людей.

Например, павлину природа дала роскошный, сверкающий хвост, потому что самки этого вида предпочитают самцов с яркими, цветными, пышными хвостами. Самки отвергают павлинов с облезлыми хвостами, потому что хилый самец не сможет дать полноценного потомства. Таков эволюционный эффект выбраковки облезлых самцов — самки просто не хотят спариваться с ними.

Точно так же, как и павлины, люди ищут себе партнеров на бессознательном уровне. Как и у других животных, брачные игры людей всегда являются стратегическими, а не беспорядочными, что бы мы ни думали. Проще говоря, женщинам всегда нужны мужчины, способные их обеспечить — пищей, кровом и защитой. Мужчина, не обладающий ресурсами, имеет гораздо меньше возможностей передать свои гены следующему поколению.

ПОЧЕМУ ДЛЯ НАС ТАК ВАЖНО ЛЮБИТЬ И БЫТЬ ЛЮБИМЫМ

С XVIII века, когда зародилась современная медицина, врачи отвергали все идеи, связанные с долголетием, которые нельзя было количественно измерить или точно определить. Сегодня ученые установили, что любящие и любимые люди живут значительно дольше. Ничто другое — ни гены, ни диета, ни образ жизни, ни лекарства — не могут сравниться по силе воздействия с любовью. Доктор Дин Орниш, автор потрясающей книги «Стресс, диета и ваше сердце», первым начал исследовать человеческое долголетие. Он же первым убедительно доказал, что ряд болезней, в том числе сердечные, могут вызываться или лечиться путем изменения образа жизни и появления в ней позитивных любовных отношений. Еще в 50-е годы он провел в Гарвардском университете исследование «Управление стрессом», в ходе которого 156 здоровым мужчинам были розданы анкеты, с помощью которых они должны были оценить свои чувства к каждому из родителей и отношения с ними от «близких и теплых» до «отстраненных и холодных». Через тридцать пять лет выяснилось, что 91% опрошенных, которые не считали, что имеют теплые отношения с матерями, в среднем возрасте серьезно заболели. При этом серьезные болезни отмечались всего лишь у 45% из тех, кто имел близкие отношения с матерями. Если говорить о близости с отцом, то 82% имевших плохие отношения с отцами страдали серьезными болезнями, тогда как из тех, кто имел хорошие отношения, заболели лишь 50%. При этом серьезные заболевания были выявлены у всех, кто оценил свои отношения с родителями как «отстраненные и холодные».

Те, кто чувствуют себя любимыми,
живут дольше и отличаются хорошим
здоровьем.

Исследователи с медицинского факультета Университета Кейз Вестерн Резерв в Кливленде, штат Огайо, раздали анкеты 8500 мужчинам, не страдавшим язвой желудка, и наблюдали за ними в течение пяти лет. У 254 человек развилась язва. Удивительно, но среди тех, кто заявил: «Моя жена меня не любит», язва отмечалась в три раза чаще, чем у тех, кто считал себя любимым. В другом эксперименте, который также занял пять лет, исследователи изучили 10 тысяч женатых мужчин, не страдавших стенокардией. У тех, кто положительно ответил на вопрос: «Любит ли вас ваша жена?», стенокардия отмечалась гораздо реже, несмотря на наличие других факторов риска. Ученые также выяснили, что чем выше категория риска для мужчины, тем большую роль для него играет женская любовь. Таким образом, эмоции служат нам мощной защитой от всего, что вызывает стресс, а следовательно, и болезни.

Но значит ли это, что те, у кого были плохие отношения с одним или обоими родителями, обречены умереть от рака? К счастью, нет. Исследования также показывают, что счастливые любовные отношения во взрослой жизни несут в себе ощущение эмоциональной безопасности и помогают преодолеть последствия плохих отношений с родителями. Если же человек и во взрослой жизни следует шаблону личных отношений, свидетелем которых был в детстве, то его можно считать верным кандидатом на серьезную болезнь.

Ученые всех стран доказали, что женатые люди живут дольше, уровень смертности практически от любой болезни среди них ниже, чем у одиноких, разведенных и овдовевших людей. Женатые люди с большей вероятностью живут более пяти лет после того, как у них обнаружили рак. Это справедливо для представителей всех рас, полов и стран.

Женатые мужчины живут дольше, чем холостяки, но умирают с большей готовностью.

Ранние исследования также показали, что женатые люди отличаются лучшим здоровьем, чем партнеры, живущие вместе, но не вступающие в брак. Это объясняется тем, что официальный брак несет в себе большую эмоциональную безопасность, чем совместное проживание, особенно для женщин, поскольку такой статус ясно говорит окружающим, что их партнер «выбыл из игры». Брак снижает степень стресса и дает ощущение безопасности, которое укрепляет иммунную систему. Линда Уэйт, президент Американской исследовательской ассоциации населения, провела исследование, которое показало, что в браке продолжительность жизни увеличивается и у мужчин, и у женщин. Женатые мужчины в среднем живут на десять лет дольше холостяков. Замужние женщины живут на четыре года дольше незамужних. В целом можно сказать, что женатые люди живут дольше и болеют реже, чем неженатые.

---

*К 2021 году каждая пятая британская
пара будет жить вне брака.*

СЕМЬ ТИПОВ ЛЮБВИ

Для большинства людей любовь — это большая тайна. Особенно для мужчин. Когда женщина произносит слово «любовь», мужчина не представляет, что она имеет в виду. Она говорит: «Я люблю тебя», и сразу же говорит: «Я люблю суши», а потом замечает: «Я люблю свою собаку» и «Я люблю ходить по магазинам». И мужчине остается гадать, какое место он занимает между роллом «Калифорния», покупкой нарядов и черным лабрадором.

---

*«Конечно, я тебя люблю! —
возмущается мужчина. — Я же твой
муж — это моя работа!»*

Проблема заключается в том, что в большинстве современных языков есть только одно слово для обозначения огромного множества эмоций, называемых любовью. В древних языках существовало много категорий любви, и каждое слово имело собственное значение. У древних персов таких слов было 78, у греков — 4, в латыни — 5, а в английском языке только одно.

Сегодня можно выделить семь основных типов любви:

1. Романтическая любовь — физическое влечение, сексуальность, романтика и гормональная активность.

2. Прагматическая любовь — любовь к стране, работе, покупкам или пицце.

3. Альтруистическая любовь — любовь к делу, богу или религии.

4. Любовь-одержимость — ревность, навязчивые идеи, сильные и неуравновешенные эмоции.

5. Братская любовь — к друзьям и соседям.

6. Обычная любовь — к человечеству в целом.

7. Семейная любовь — чувство любви к детям, родителям, братьям и сестрам.

Итак, когда женщина впервые говорит мужчине: «Я люблю тебя», что он должен подумать? Вплоть до этого момента отношения с ней были прекрасными: много секса и веселья. Но, слыша эту фразу, мужчина представляет себе обязательства, свадьбу, тещу, детей, скуку, невозможность заняться любимым делом, навязчивые требования, вечную моногамию, пивной живот и лысину. Для женщины же любовь означает моногамию, семейное гнездышко, семью и детей — то есть все то, что до смерти пугает мужчину.

НАШИ ЛЮБОВНЫЕ КАРТЫ

«Любовная карта» — это шаблон, в котором содержится все, что мы считаем привлекательным. Большинство людей, оценивая потенциального партнера, пользуются этим внутренним шаблоном. То, что нас привлекает, определяется и врожденными схемами мозга, и набором критериев, сформировавшихся еще в детстве. Эти критерии основываются на том, что мы видели и чувствовали: на словах и поступках наших родителей, на том, что им нравилось и не нравилось, что нравилось и не нравилось нашим друзьям, что думали наши учителя о наказаниях и вознаграждениях — и на многом, многом другом, что происходило в детстве. Ученые, изучающие механизмы выбора партнера, считают, что эти «любовные карты» начинают формироваться в возрасте 6 лет и окончательно устанавливаются к 14 годам.

Но одно остается непреложным: для женщин основной критерий оценки мужчины — его состоятельность, для мужчин основной критерий оценки женщины — ее молодость, здоровье и красота.

Когда вам было четыре года, вы хотели жениться на матери, няне или сестре или выйти замуж за отца или брата. Сегодня ученые установили, что мы теряем «романтический» интерес к близким к семи годам. В этом возрасте нас начинают привлекать более далекие, недоступные и загадочные люди. Отличие от знакомых запускает в нашем мозгу химическую реакцию, что доказывает знаменитый эксперимент с «потной футболкой». Женщинам предлагали понюхать футболки разных мужчин и оценить каждую из них. Чем ближе была иммунная система мужчины к иммунной системе женщины (у брата, дяди или отца), тем менее привлекательной казалась женщине футболка. Чем более отлична была иммунная система мужчины, тем его запах больше нравился женщине. Это явление встречается и у других млекопитающих. Его задача — не дать нам спариваться с теми, кто генетически к нам слишком близок. Подобный инцест может пагубно сказаться на потомстве, и природа противодействует этому. Это выживание в чистом виде.

Время также играет важную роль в критериях привлекательности. В те моменты, когда человек переживает эмоциональный подъем или спад — например, депрессию, одиночество, тяжелый развод или достигнутый успех, — его мозг ищет людей, которые могут удовлетворить потребность в любви, испытываемую им в данное время. Изменение обстоятельств ведет к изменению гормонального уровня и активизации «любовной карты». То же действие оказывает и изменение окружающей среды. Исследования показывают, что в отпуске или на конференции, связанной с работой, то есть когда люди возбуждены, расслаблены и свободны от домашних обязательств, уровень допамина в их организме повышается. Благодаря этому они с большей готовностью влюбляются или начинают романы. В обоих случаях основную роль в поведении человека играют гормоны.

КАК ВЛИЯЮТ НА НАШЕ ВОСПРИЯТИЕ ГОЛЛИВУД И СРЕДСТВА МАССОВОЙ ИНФОРМАЦИИ

Актер — это профессиональный лжец. И тот, кто лучше всего убедит нас в своей лжи, получает «Оскара». Голливуд — это фабрика фальшивых образов, выдуманной романтики и искусственного гламура, но мужчины и женщины пытаются искать и воплощать эти образы в реальной жизни. Актеры создают достоверные иллюзии, а экран показывает спецэффекты, которые невозможно повторить в жизни. Эти искусственные образы вдалбливаются нам в головы на протяжении жизни двух поколений. В результате женщины терзают себя, чтобы стать похожими на идеальную богиню, представшую перед ними на экране, а от мужчин требуют, чтобы они стали гораздо более романтичными, привлекательными и мужественными, чем когда бы то ни было в истории. Когда в последний раз вы ехали ужинать в дорогой ресторан на роскошном лимузине, благоухая «Шанелью», в костюме от Версаче, с часами «Ролекс», идеальной прической и фигурой, а фоном для этой прекрасной картины служила музыка в исполнении целого симфонического оркестра? Но ведь именно таков образ, которому вы стараетесь соответствовать или с которым пытаетесь бороться.

Эти же нереальные образы постоянно рисуют перед нами и современные средства массовой информации. Такому давлению подвергаются современные мужчины и женщины. В такой обстановке им приходится жить. Многие женщины считают, что смогут заполучить в мужья миллионера с внешностью Брэда Питта, тогда как на самом деле им достается всего лишь автомеханик с доходом ниже среднего. Грань между реальностью и фантазией размывается. В начале новых отношений многие мужчины, пытаясь соответствовать нереалистическим ожиданиям женщин, создают иллюзию того, что они могут достичь подобного уровня. Женщинам нужен мужчина из «Дней нашей жизни», герой, который точно знает, чего женщины хотят, и всегда дает им это. Впрочем, очень скоро женщина понимает, что ее мужчина — самый обыкновенный, и ее может постичь разочарование. Нереалистические ожидания являются одной из главных причин краха многих личных отношений.

Женщин каждый день бомбардируют сотни образов «нового мужчины» в фальшивой романтической ситуации. Они видят «настоящих мачо», которые мыслят, разговаривают и реагируют на происходящее, как женщины. У такого мужчины идеальная фигура, дорогие костюмы, волосатая грудь и аккуратно подстриженная борода. Он готов часами слушать, как женщина говорит об отношениях и совместной жизни. Такие образы пропагандируются женскими журналами, читая которые женщина убеждается в том, что она — единственная, кому не удалось выйти замуж за настоящего мужчину, похожего на Ричарда Гира в «Красотке». Исследования показывают, что женщины, которые проводят время за чтением любовных романов, основанных на чистой фантазии автора, никогда не бывают удовлетворены своей жизнью, хотя в ходе тех же исследований было установлено, что у них обычно бывает больше оргазмов, чем у тех, кто не читает подобную литературу.

....

Почему замужние женщины обычно
весят больше, чем незамужние?
Потому что одинокие женщины
приходят домой, смотрят, что лежит
в холодильнике, и идут в постель.
Замужние женщины приходят домой,
смотрят, что лежит в постели, и идут
к холодильнику.

....

ПОЧЕМУ МУЖЧИНАМ ТАК ТЯЖЕЛО ЖИВЕТСЯ В XXI ВЕКЕ

Мужчины, родившиеся до начала 60-х годов, принадлежат к последнему поколению, которое понимает, что для того, чтобы быть привлекательными, необходимо иметь работу, хобби и внешний лоск. Они должны придерживать дверь для женщин, не должны ругаться в женском обществе и пить много пива. Вот и все, что требуется от «настоящего» мужчины.

....

Настоящий мужчина никогда не
плачет на людях... Разве что когда
смотрит фильм, в котором
героический пес спасает своего
хозяина.
Или когда Хайди Клум расстегивает
блузку.
Или когда он случайно роняет полную
бутылку пива.

....

С 70-х годов, когда западное общество стало более феминизированным, требования женщин, предъявляемые ими к мужчинам и личным отношениям, изменились. Женщины сейчас ожидают от мужчин гораздо большего, чем могли себе представить их мамы и бабушки. До 70-х годов женщине, чтобы заслужить уважение общества, родить «законных» детей или даже получить кредит в банке, нужно было «найти мужчину». Сегодня такого условия более не существует. Женщины вольны требовать от мужчин того, чего хотят. Большинство мужчин пытается соответствовать новой ситуации, но, поскольку основным женским критерием является необходимость мыслить, как женщина: понимать эмоции другого человека, бесконечно говорить о чувствах и обсуждать проблемы, не ища и не находя решения (подобные действия абсолютно противоестественны для мужского мозга), мужчина окончательно запутывается, злится и ищет спасения в том, что мы называем «блоком» или «поведением мачо». То есть он с головой уходит в изучение автомобильных двигателей, моторов, компьютеров или спортивной статистики. При этом мужчина почти не обладает навыками личного общения. Современное феминизированное общество не принимает подобного мужского поведения и порой даже пытается представить его как болезнь. Некоторых мужчин считают психически больными, тогда как на самом деле они просто демонстрируют острые формы чисто мужского поведения или плохо воспитаны.

В современной образовательной системе детьми занимаются почти исключительно женщины. Они приучают мальчиков не концентрироваться на различиях с девочками и играть тихо. Ни в одном детском саду не культивируется иерархия и борьба за лидерство, что от природы заложено в мужском мозгу. Мужчин-учителей в школах до смешного мало. И это еще больше запутывает новое поколение юношей, которые перестают понимать, что значит быть мужчиной.

К сожалению, планка, которую женщины сегодня устанавливают для мужчин, практически каждый год поднимается все выше и выше. Свой вклад в это вносят средства массовой информации и Голливуд. И в результате большинство мужчин просто перестает пытаться соответствовать подобным завышенным стандартам. И женщинам нелегко соответствовать образам идеальных старлеток с обложек модных журналов, но мужчинам приходится еще тяжелее. Если женские журналы хотя бы показывают, как женщины должны выглядеть, то мужские журналы в этом не подмога. Новый идеальный мужчина XXI века должен быть воином на работе, ослепительным метросексуалом, когда дело касается одежды, кулинарии и оформления интерьеров, жеребцом в спальне, атлетом в спортивном зале, идеальным отцом, другом, который любит слушать, когда женщины обсуждают свои проблемы, и чувствительной натурой, не способной сдержать слез, смотря «Ромео и Джульетту». К несчастью для большинства женщин, у мужчин такого типа обычно уже есть бойфренд.

По мере того как список требований к идеальному мужчине XXI века растет, многие мужчины с женщин переключаются на футбол, автогонки и пабы, где мужчине все еще позволено вести себя как мужчине. Женщинам же приходится бродить по магазинам и есть шоколад.

РЕЗЮМЕ

Мы живем в мире, в котором любовные отношения трудно начать и еще труднее сохранить и поддерживать. Прежним поколениям было гораздо проще. Мы предъявляем слишком высокие требования друг к другу, а родители не знают, как нам помочь. Однако потребность любить и быть любимым у человека чрезвычайно велика. Она жизненно важна для поддержания хорошего здоровья и выживания нашего вида. От мужчин ждут, что в одних ситуациях они будут нежными и женственными, а в других — резкими и мужественными. Женщины же должны быть и ласковыми кисками, и профессионалами, умеющими программировать систему GPS. Нашим предкам ничего такого делать не приходилось. Когда вы поймете, кто вы есть и откуда пришли, то сможете разработать стратегию успешного привлечения представителей противоположного пола и общения с ними. Но для начала вы должны точно понять, чего эти представители *на самом деле* хотят от секса и любви. Вот об этом-то мы с вами и поговорим в следующих двух главах.

* Да, за последнее столетие общество действительно сильно изменилось, но наши потребности и мотивы за последние сотни тысяч лет остались неизменными.

* Средства массовой информации порождают у мужчин и женщин нереалистические ожидания друг от друга и ложные представления об отношениях. Никто из нас не идеален. Пытаться искать идеального партнера или стараться изменить уже имеющегося — надежный рецепт личной катастрофы.

* Ключ к счастливым отношениям — это понимание заложенных в человеке инстинктов.

Глава 3

ЧЕГО НА САМОМ ДЕЛЕ ХОТЯТ ЖЕНЩИНЫ

Ты клянешься любить и почитать его, убирать за ним, готовить для него еду, терпеть его сальные шуточки, отдавать ему львиную долю постели по ночам, не иметь возможности заполучить пульт от телевизора и постоянно вытирать мокрое сиденье унитаза всю оставшуюся жизнь?

Многие матери бессознательно готовят своих сыновей к тому, чтобы они стали плохими партнерами и мужьями. Мальчик привыкает, что мать любит его вне зависимости от того, что он делает и чего не делает. Мать учит его тому, что необязательно убирать свою одежду или расспрашивать женщину, как прошел ее день. Сын не считает себя обязанным приглашать мать на обед или даже просто вежливо разговаривать с ней. Мать учит его тому, что любовь к женщине может быть дорогой с односторонним движением. Ему не приходится ничего делать для того, чтобы сделать ее счастливой. Вот почему, когда гормональный всплеск, связанный с новой любовью, неизбежно спадает, пропадают романтика и страсть, а секс становится не столь привлекательным. Сыну не нужно постоянно доказывать матери, что он ее любит. Она это знает и так. Так почему же этой новой женщине постоянно требуются какие-то доказательства? Сначала создается впечатление, что любимая женщина с готовностью принимает на себя роль матери — она стирает его одежду, готовит еду и ругает его за то, чего он не делает. Но ни одному мужчине не приходит в голову заниматься сексом с матерью. Поймите, что женщина может успешно изменить мужчину только в один период его жизни — когда он еще младенец.

Когда вы пытаетесь изменить мужчину, то берете на себя роль его матери, потому что именно она заставляла его есть шпинат и убирать комнату.

ИЗМЕНИВШИЕСЯ ПОТРЕБНОСТИ ЖЕНЩИН

Современные женщины хотят от отношений гораздо большего, чем хотели их предки. Чтобы доказать, как изменились стереотипы, мы решили привести выдержку из школьного учебника «Домашняя экономика», написанного женщиной для молодых девушек в 1963 году.

Отправляясь в спальню, готовьтесь ко сну как можно быстрее. Хотя женская гигиена имеет огромное значение, ваш уставший муж не захочет ждать своей очереди в ванную, потому что за рабочий день он уже настоялся в очередях. Но помните, что, ложась в постель, вы должны выглядеть наилучшим образом. Постарайтесь добиться этой цели незаметно для мужчины. Если вам нужно наложить на лицо крем или закрутить волосы на бигуди, дождитесь, пока муж уснет, чтобы не шокировать его своим видом перед сном. Если речь зайдет об интимных отношениях с мужем, вы должны помнить свои брачные обеты и, в особенности, свою обязанность подчиняться ему.

Если муж хочет спать, значит, ему это нужно. Вы должны удовлетворять все его желания. Не давите на него, не добивайтесь интимной близости. Если муж что-то предлагает, скромно соглашайтесь, постоянно помня, что мужское удовлетворение гораздо важнее женского. Когда он достигнет оргазма, издайте легкий стон, чтобы показать ему, что вы вполне удовлетворены. Если ваш муж предлагает нечто необычное, подчинитесь и не жалуйтесь, но продемонстрируйте свое неудовольствие полным молчанием.

Скорее всего, после интимной близости ваш муж сразу же заснет, а вы можете заняться своей одеждой и уходом за собой. Теперь можно наложить ночной крем и закрутить волосы. А потом заведите будильник, чтобы проснуться раньше мужа. И тогда вы успеете приготовить ему чашку чая к пробуждению.

Некоторые мужчины, читая это, наверняка захотят вернуться в те счастливые времена. На самом деле некоторые из них считают, что приведенный выше текст вполне разумен и справедлив. Но женщины XXI века смотрят на вещи иначе. Они хотят от личных отношений гораздо большего, чем их матери и бабушки, потому что жизненные обстоятельства изменились. Хотя предпочтения современных женщин, продиктованные матерью-природой, остались прежними, сами женщины заметно изменились. Их мозг помнит о прошлом, однако современное общество позволяет женщинам делать выбор и принимать такие решения, каких никогда не приходилось принимать их предкам. Мало того что позволяет — еще и ожидает от них этого.

*Матери по-прежнему учат дочерей
надевать чистое нижнее белье, без
пятен и дырочек, на случай, если они
попадут в автокатастрофу.
Неужели они думают, что, когда их
дочерей без сознания доставят в
больницу, врачи, которые будут их
раздевать, умрут со смеху?*

МАМА УЧИЛА МЕНЯ: «ИЩИ ПОДХОДЯЩИЙ ТОВАР»

В 50-е годы 60% женщин теряли девственность с тем мужчиной, с которым были обручены, или с мужем. Сегодня эта цифра составляет всего 1%. Каждая пятая женщина, рожденная в Европе или в западном мире после 1960 года, бездетна. До 1960 года ситуация была иной. Если женщина могла зачать, то это происходило, поскольку средства контрацепции были мало распространены. Сегодня в Китае каждый год разводится более двух миллионов женщин. В сумочке современной двадцатилетней девушки рядом с помадой всегда найдется место для презерватива. Женщины, которые сегодня ищут секса, хотят одновременно и повысить свою самооценку.

*В США 42% высокооплачиваемых
женщин бездетны, и 14% из них
говорят, что не хотят иметь детей.*

К 30 годам у большинства женщин уже насчитывается трое и более сексуальных партнеров. Эти женщины использовали время на то, чтобы понять самих себя, а не на создание семьи и воспитание детей. Большинство женских журналов бомбардирует своих молодых читательниц статьями о сексуальности и технике секса. Сегодня трудно найти женский журнал, на обложке которого не было бы слова «секс» или «оргазм». В женских туалетах всегда найдется автомат по продаже презервативов. Однако в телевизионных мыльных операх через шесть серий влюбленные женятся, поскольку считается, что основной целью любви является брак. К несчастью для современных женщин, большинство мужчин за это время практически не изменились. Они совершенно не похожи на тех героев, которых показывают по телевизору и в кино. Многие мужчины остались точно такими же, какими были их отцы, деды и прадеды. Они не желают выходить за пределы мужской зоны комфорта, ограниченной работой и спортом.

Современные средства массовой информации убеждают молодых женщин, что нет ничего предосудительного в сексуальных отношениях с несколькими мужчинами одновременно. Однако современные женщины столь же одержимы мыслью о постоянных отношениях, как и их предки. Их вдохновляют примеры знаменитостей — например, Виктории и Дэвида Бекхэм или Брэда Питта и Анжелины Джоли.

ДЕВУШКИ ПРОСТО ХОТЯТ РАЗВЛЕЧЬСЯ

Однако женщинам, которые возглавляют современную сексуальную революцию, вовсе не двадцать. Им уже за сорок. Они сделали карьеру, у многих есть взрослые и вполне самостоятельные дети. Многие женщины решают, что им больше не нужна семья, и разрывают наскучившие отношения, в которых уже нет любви.

Для многих женщин брак —
это не на всю жизнь.
Жизнь слишком длинна.
Брак — только для любви.

Традиционный брак дает женщине социальный статус и ощущение безопасности, поскольку до 70-х годов в большинстве семей главным добытчиком был мужчина, что приносило женщине определенное финансовое преимущество. Но сейчас традиционный брак более не является основным источником доходов женщины. Она и сама может заработать на жизнь и добиться нужного статуса, а любой брак может завершиться в любую минуту.

Треть американских женщин
зарабатывает больше своих мужей.

Помимо осознания новых социальных условий, современные женщины понимают путь развития своих предшественниц, и это позволяет им лучше понять собственные мысли, реакции и ценности в личных отношениях. Женщины всегда ставят любовь превыше всего. Крепость отношений определяет для них степень жизненного успеха и самооценку. Мужчины же, напротив, оценивают собственный успех по своим достижениям. В прошлом основная задача женщины заключалась в том, чтобы любить мужчину и заботиться о нем. И неудивительно — ведь именно от мужчины зависело благополучие женщины. Мужчина добывал для женщины пищу, обеспечивал ей защиту и выживание. Мужчина и женщина заключали взаимовыгодную сделку. Женщина, не имевшая мужчины, могла быть изгнанной из племени и стать легкой добычей врагов и диких зверей. Женщины любили детей и заботились о них. Они готовили следующее поколение носителей генов. Некоторые мужчины не возвращались с охоты или войны, поэтому женщины должны были любить и заботиться о других женщинах. Для выживания нужна была группа поддержки.

Такой образ жизни сохранялся на протяжении сотен тысяч лет, и эта ситуация изменилась совсем недавно, по эволюционным меркам. Сначала изобретение противозачаточных средств позволило женщинам самим делать выбор — работать или иметь детей. Движение 60-х годов дало женщинам возможность мыслить и действовать независимо и самостоятельно принимать решения. Движение за равные возможности, возникшее в 80—90-е годы, позволило женщинам занять весьма влиятельные посты и состояться в профессиональном плане. Тем не менее независимая, самостоятельная, способная обеспечить себя женщина XXI века все еще страстно хочет иметь мужчину, чтобы чувствовать себя спокойно и уверенно. Это первобытное желание заставляет женщину новой эпохи терзаться сомнениями в себе и чувством вины. Но она не понимает причины этих чувств. И в этом кроется суть проблемы — на протяжении миллиона лет в женском мозгу происходили реакции, которые происходят и сегодня, а окружающий женщину мир изменился менее чем за 50 лет. Женская биология находится в противоречии с окружающей женщину средой.

> *Успешный мужчина — это тот, кто зарабатывает больше, чем может потратить его женщина.*
> *Успешная женщина — это та, которая сможет найти такого мужчину.*

ЧЕГО НА САМОМ ДЕЛЕ ХОТЯТ ЖЕНЩИНЫ

Исследователи наконец выяснили, чего же на самом деле хотят от своих мужчин женщины. И это вовсе не то, о чем заявляют сами женщины. Женщина XXI века хочет от мужчины того же самого, чего хотели ее далекие предки. Ее мужчина должен быть хорошим охотником и добытчиком, способным обеспечить и защитить ее саму и ее потомство. В результате современным женщинам необходимы мужчины, имеющие деньги, образование, чувство юмора, статус и авторитет. Все это говорит о том, что мужчина — хороший добытчик. Вот почему женщин привлекают честолюбивые, интеллигентные, работящие, мотивированные мужчины, которых уважают окружающие.

Женщины сегодня хотят того же,
чего и всегда: средств и ресурсов.

В прошлом женщины искали мужчин высоких, рослых, с широкими плечами и узкими бедрами, в хорошей физической форме — то есть обращали внимание на качества, которые свидетельствовали о способности мужчины охотиться и защищать. Даже в наш политкорректный XXI век равных возможностей женщины все же предпочитают мужчин с хорошо развитой грудью и плечами — но не слишком большими, потому что такой мужчина может оказаться эгоистом, думающим только о себе. Впрочем, накачанные мышцы — это всегда приятный бонус. Все это может пригодиться при охоте на дикого буйвола, переноске тяжестей или истреблении пауков, но совершенно не нужно для повседневной жизни мужчины XXI века.

Влечение женщин к тем же самым физическим чертам показывает, что женский мозг стремится точно к тому же, что было необходимо женщинам прошлого.

Следовательно, женщинам всегда нужны мужчины *со средствами*. Еще более важно для женщины, чтобы мужчина был готов поделиться этими средствами с ней и ее детьми.

ЭТО НЕ ПРОСТО ОБЕЗЬЯННИЧАНЬЕ

В 2009 году было выяснено, что подобный механизм свойственен и другим приматам. Самки обезьян тоже отдают предпочтение самцам, которые готовы делиться своими ресурсами. Кристина Гомес и ее коллега Кристоф Бош из Института эволюционной антропологии Макса Планка изучали обезьян в заповеднике в Кот д'Ивуаре. Они обнаружили, что шимпанзе порой готовы идти на сделки, то есть готовы обменивать пищу на секс. Ученые наблюдали за самцами во время охоты, а потом отмечали количество их половых актов. Самцы, которые делились пищей с самками, не находившимися в течке, впоследствии совокуплялись с ними в два раза больше, чем те, кто поедал добытую пищу в одиночестве. Увеличение количества совокуплений повышало вероятность оплодотворения самок.

Доктор Гомес говорит, что это исследование окончательно подтвердило связь между наличием хороших охотничьих навыков и репродуктивным успехом среди приматов.

Но женщине необходимо время на то, чтобы оценить, обладает мужчина средствами или нет. На это может уйти три свидания, три недели или три месяца. Вот почему женщины влюбляются медленнее, чем мужчины, но гораздо сильнее, так как уровень окситоцина в их организме намного выше. Забудьте о метросексуалах с идеальной прической и маникюром, рыдающих над «Титаником» и готовых бесконечно обсуждать свою любовную жизнь. Такой мужчина — хороший друг, а не надежный партнер на всю жизнь. Для женщины главное, чтобы ее мужчина мог обеспечить ее *средствами*.

Современной женщине по-прежнему нужен мужчина, способный ее обеспечить и защитить — проще говоря, тот, кто имеет доступ к ресурсам и средствам.

Наличие средств — это основной критерий мужской привлекательности. Это главное предпочтение женщин с древнейших времен. Это чувство у женщин развито столь же сильно, как и врожденная боязнь змей и высоты.

Профессор психологии Техасского университета Дэвид Басс возглавляет отдел индивидуальных различий и эволюционной психологии. Готовя свою потрясающую работу, посвященную «брачным играм» людей, он провел самое обширное исследование человеческих предпочтений в разных странах мира. Он проанализировал реакции 10 047 человек из 37 стран мира. Он изучал современные и первобытные общества, а также страны,

где господствует социализм, коммунизм, капитализм, моногамия, полигамия и различные религии. Доктор Басс выяснил, что во всем мире для женщин наличие средств у партнера является в два раза более важным фактором, чем для мужчин. Его исследование подтвердило то, что с 30-х годов доказывали все остальные эксперименты: для женщины финансовые перспективы мужчины в два раза важнее, чем финансовые перспективы женщины для мужчин.

Женщинам всегда нужно оценить финансовые возможности мужчины или его способность получить материальные средства. В Америке в экспериментах Басса приняли участие 1491 человек. Результаты оказались точно такими же, как и полученные в 30-е годы. Для женщин важнее всего состоятельность мужчины. Мы проанализировали 1295 брачных объявлений в журналах и газетах и выяснили, что женщины указывают состоятельность мужчины как желаемую черту в 11 раз чаще, чем это делают мужчины. Мужчинам нужны здоровые и молодые женщины, женщинам же нужны мужчины состоятельные и «искренние», то есть готовые поделиться своим состоянием.

Женщин влечет к мужчинам, занимающим высокое положение в обществе, потому что статус — это явный признак того, что мужчина умеет управлять средствами. Почему чемпионы по боксу, лица которых, мягко выражаясь, носят на себе следы их непростого карьерного роста, всегда окружены молодыми, привлекательными женщинами. Эти женщины не всегда отличаются умом, но молодостью и красотой — всегда, то есть они обладают хорошей способностью передачи генов. Вспомните Хью Хефнера из «Плейбоя».

Все исследования, посвященные выбору партнеров мужчинами и женщинами, показывают, что женщины всегда более высоко оценивают статус, престиж, власть, должность и финансовые перспективы мужчины, тогда как для мужчин при выборе партнерши эти критерии почти не имеют значения. При выборе партнера для длительных отношений женщины называют эти критерии весьма желательными, а для случайного секса они гораздо менее важны. Исследования ученых показывают также, что женщины высоко ценят образование, поскольку рассматривают его как показатель доступа к ресурсам. Старое клише о том, что женщины любят врачей и адвокатов, имеет под собой весьма серьезные основания. Другими словами, образованный человек может пока не иметь средств, но вскоре их получит. Басс выяснил, что женщины во всех странах оценивают материальный потенциал партнера гораздо выше, чем мужчины. Для немецких женщин он важнее на 38%, тайваньских — на 63%, а для индианок — на 87%.

Во всем мире женщины жалуются на то, что достойных холостяков очень мало. Но в каждом кафе, ресторане, клубе и офисе полным-полно холостых мужчин, на которых женщины просто не обращают внимания. Это происходит потому, что женский критерий «достойного холостяка» — это материальная состоятельность или потенциальная возможность стать состоятельным человеком. Только такой человек может обеспечить женщину и ее потомство. Лишь немногие женщины верят в то, что официант, подающий им кофе, отвечает такому критерию, поэтому они просто не замечают несчастных официантов.

Женщины обычно не обращают внимания на мужчин, имеющих низкооплачиваемую работу.

БОГАТЫЕ МУЖЧИНЫ ЧАЩЕ ДОВОДЯТ ЖЕНЩИН ДО ОРГАЗМА

В 2008 году доктор Томас Поллетт из Университета Ньюкасла и его коллега, профессор Даниэль Неттл, провели исследование, которое показало, что удовольствие, получаемое женщиной от сексуального акта, непосредственно связано с размером банковского счета партнера и его материальной состоятельностью. Ученые установили, что, чем богаче мужчина, тем чаще его партнерша испытывает оргазм. Поллетт и Неттл опросили 1534 китайских женщин и проанализировали их ответы, касавшиеся личной жизни. В анкеты были включены вопросы о сексуальной жизни, уровне доходов и других факторах.

Они обнаружили, что 121 женщина (7,9%) всегда испытывает оргазм во время секса, 408 женщин (26,6%) сказали, что испытывают оргазм часто, 762 женщины (49,7%) ответили, что испытывают оргазм редко, а 243 женщинам (15,8%) это ощущение было незнакомо. Эти цифры очень близки к полученным в западных странах. Ученые также установили, что частота оргазма возрастает с увеличением достатка или состояния партнера. Хотя на частоту оргазма влияют и другие факторы, деньги являются самым мощным из них.

....

Чем больше доход и состояние мужчины, тем чаще женщина испытывает с ним оргазм.

....

Эти данные полностью совпадают с тем, о чем мы писали в своей книге, посвященной языку телодвижений. Мы обсуждали частоту женских оргазмов пропорционально мужской привлекательности и симметрии его тела. Исследование Поллетта — Неттла показывает, что материальное положение мужчины играет роль куда большую, чем его физическая привлекательность.

ПЯТЬ МУЖСКИХ КАЧЕСТВ, КОТОРЫЕ НУЖНЫ ЖЕНЩИНАМ БОЛЬШЕ ВСЕГО

Женщинам всегда нужны мужчины состоятельные или способные сделать состояние, поэтому женщины научились точно оценивать не только наличие средств у мужчины, но еще и то, готов ли он ими поделиться. Для этого женщины разработали мысленный список поступков, которые показывают, что мужчина готов поделиться с ними своими средствами. Только мужчины делятся своими средствами с женщинами. Самки других приматов ищут пищу и защищаются сами.

Эволюционные биологи и эволюционные психологи, которые изучают «брачные игры» людей, выяснили, что все женщины предъявляют к мужчинам абсолютно одинаковые требования. Вот пять основных качеств, которыми, по словам женщин, должен обладать идеальный партнер:

1. Любовь
2. Верность
3. Доброта
4. Готовность принимать на себя обязательства
5. Образованность и интеллигентность

1. Любовь

Изучая этот список, нужно точно понимать, что женщины имеют в виду, говоря о «любви». Женщина хочет каждый день быть уверена в том, что ее любят и обожают, а для этого ей необходимы слова и близость. Женщина хочет как можно чаще слышать сакраментальное

Аллан и Барбара Пиз

«я тебя люблю» в самых разных формах: «ты красавица», «ты приготовила чудесный обед», «ты замечательно с этим справилась». Ей нужно, чтобы мужчина звонил, чтобы сказать, что думает о ней. Высокая оценка того, что женщина сделала по дому, также расценивается ею как проявление любви. И конечно же, любовь проявляется в том, что мужчина щедро делится с женщиной своими средствами. При разводе женщины постоянно говорят, что мужчины воспринимают их как должное и не ценят того, что они делают по дому. Но любой мужчина считает исполняемые им мужские обязанности — основной заработок, починку сломанного, решение проблем или смену перегоревших лампочек — вполне достаточным доказательством своей любви.

Женщины же считают, что, если мужчина любит женщину по-настоящему, он должен каждый день показывать это словами *и* поступками. Женщинам нужна ежедневная демонстрация любви. Мужчине трудно это понять, потому что он проявляет свою любовь, делая что-то для женщины. Он пострижет газон, покрасит дом, починит ее машину, отвезет ее в кино, пойдет на работу и оплатит счета. Мужской мозг организован таким образом, что себя мужчина оценивает по тому, что он сделал или чего достиг, а не по словам и чувствам.

....

«Когда я вечером вернулся домой, жена потребовала, чтобы я отвез ее в дорогое место. Я отвез ее на лучшую бензозаправку, и там мы поссорились».

....

В своих книгах мы уже говорили о том, что женский мозг устроен таким образом, что женщины лучше мужчин владеют словом. Для женщин слова играют роль прелюдии. Мужчине нужно понять, что женщина хочет слышать искренние слова восхищения и любви, причем ежедневно. Женщины высоко ценят запоминание важных дат — дней рождения и годовщин. Подарки, пусть даже мелкие, говорят женщине, что мужчина любит ее. И чем проще будет подарок, тем лучше. Главные фавориты — простой садовый цветок и написанная от руки открытка. Главное в любом подарке — *действие* мужчины, а не сам подарок. Но большинство мужчин считает, что подарок должен быть большим и дорогим, потому что сами они оценивают подарки именно так. Однако для женщины сорванный специально для нее в саду цветок дороже самого современного тостера. Пятнадцать роз могут послужить отличным украшением дома, но любая женщина прекрасно знает, что означает одна подаренная ей роза.

2. Верность

Верность — это обещание разделить свои средства с женщиной. А вот неверность женщина воспринимает совершенно иначе, чем мужчина. Мужчину беспокоит, не займется ли женщина сексом с другим мужчиной и не придется ли ему тратить время на воспитание чужого ребенка. Женщину же больше всего волнует эмоциональная связь мужчины с любовницей. Вот почему она всегда спрашивает: «Ты любишь эту женщину?», то есть другими словами: «Ты готов поделиться с ней своими средствами?» Реальный секс с другой женщиной ее не волнует. Если мужчина говорит: «Нет, это был просто секс», ему редко верят. Это объясняется тем, что женщины не могут понять, как можно заниматься сексом, не ощущая эмоциональной связи с человеком. Но для мужчины это очень легко. Страсть и любовь в мужском мозгу живут в разных отделах. Для них секс — это секс, а любовь — это любовь. Для женщины секс равнозначен любви, то есть равнозначен готовности делиться средствами. Если мужчина говорит, что будет верен своей партнерше, женщина думает, что он не будет делиться своими средствами с кем-нибудь еще.

3. Доброта

Как показывают исследования доктора Басса, женщины 32 стран поставили доброту на третье место, потому что это качество символизирует также готовность к обязательствам. Что может предложить мужчине женщина? Свою репродуктивную способность. Поэтому она очень разборчива в выборе партнера, а любовь, искренность, щедрость и доброта значатся в ее списке приоритетов на первых местах. Древние женщины предпочитали мужчин щедрых и сторонились жестоких, потому что щедрые обеспечивали их и их детей пищей и защитой, что повышало их шансы на выживание.

Женщины, имеющие собственные средства, статус и власть, по-прежнему ищут состоятельных мужчин. Басс выяснил, что почти все женщины, вне зависимости от происхождения, отдают предпочтение финансово состоятельным мужчинам. Финансово состоятельные женщины предпочитают их еще сильнее, потому что им нужны мужчины, которые были бы сильнее их. Вот почему редко встретишь богатую, успешную женщину рядом с полным неудачником. Мы провели опрос среди 624 женщин-руководителей, и 86% из них заявили, что их не интересуют мужчины, менее успешные, чем они сами, 9% сказали, что могли бы подумать о таком союзе, и 5% сказали, что успешность мужчины не имеет для них значения.

А как же соответствуют этим результатам союзы стареющих кинозвезд с молодыми мужчинами? Более старшая, успешная женщина вступает в союз с молодым и менее успешным мужчиной. Во-первых, с эволюционной точки зрения, такие союзы бесполезны, потому что женщина не имеет репродуктивной ценности, тогда как в союзе 60-летнего мужчины и 25-летней женщины могут родиться дети. На каждые 5 женщин в возрасте 60 лет приходится всего трое мужчин такого же возраста, так что выбор у зрелых женщин более ограничен. Кроме того, зрелые мужчины отдают предпочтение молодым женщинам — при возможности они предпочтут 35-летнюю женщину 60-летней. С молодым ухажером зрелая женщина снова чувствует себя молодой. Но молодые мужчины идут на подобные союзы ради выгоды — денег, власти, славы и известности. Другими словами, здесь уже женщина располагает средствами — деньгами, статусом, связями и властью, — и мужчина хочет урвать свой кусочек. Мы не хотим сказать, что союз между зрелой женщиной и молодым мужчиной не может быть прочным — порой такое случается, но в большинстве случаев он основывается на расчете.

ЛЮБОВНОЕ ПРАВИЛО ДЛЯ МУЖЧИН
№ 17
Вы должны проявлять искреннюю
заинтересованность в женщине и
демонстративно горевать, если у
вашей подружки сдохла кошка, даже
если это вы тайком кинули ее в камин
или сунули головой в вентилятор.

Знаменитый союз Анны-Николь Смит и 87-летнего миллиардера имел смысл: его привлекал гламур и секс с пышногрудой молодой блондинкой, а она получила власть, престиж и средства. Он говорил, что любит ее, был добр и хранил ей верность, женившись на ней. Вряд ли она вышла бы замуж за 87-летнего мужчину с государственной пенсией, живущего в доме для престарелых. Если бы у ее мужа не было средств, то ему, скорее всего, пришлось бы удовольствоваться 87-летней пенсионеркой — и то преимущественно ради компании. Интересно, что все исследования показывают, что мужчины практически не обращают внимания на экономический статус женщины, вне зависимости от наличия собственных средств. Другими словами, руководитель крупной корпорации может влюбиться в ту же женщину, что и самый простой клерк. Вспомните Билла Клинтона и Монику Левински.

4. Готовность к обязательствам

Мужчина, принимающий на себя обязательства, подтверждает женщине, что будет продолжать снабжать ее средствами и ресурсами в будущем. Женщины во всем мире обвиняют мужчин в том, что они боятся принимать на себя обязательства и бегут от обещаний. Если представить себе обязательства с точки зрения первобытных женщин, то становится совершенно ясно, почему они стремились к подобного рода отношениям. Сексуальная связь с мужчиной для женщины должна длиться 10—15 лет, необходимых для того, чтобы родить и дорастить ребенка до возраста относительной самостоятельности. Для мужчины же сексуальная связь с женщиной может длиться очень недолго — порой несколько минут. А после этого он готов и стремится к новым приключениям. Мужчина устроен таким образом, что всегда хочет распространять свои гены как можно чаще и шире. Неудивительно, что мужчина боится принимать на себя обязательства перед одной женщиной. Идея вечной моногамии пугает любого мужчину. Кроме того, большинство мужчин отлично понимает, что семейные обязательства влекут за собой необходимость всю жизнь делиться средствами.

Женщины во всем мире мечтают, чтобы мужчины решались на серьезные, длительные отношения. На то, чтобы выносить ребенка, у женщины уходит девять месяцев. Еще пять лет требуется для того, чтобы ребенок достиг возраста, необходимого для базового выживания. А детеныш шимпанзе становится вполне самостоятельным всего через шесть недель. Естественно, что женский мозг настроен таким образом, чтобы искать мужчину, готового оставаться рядом с женщиной как минимум в течение шести лет и обеспечивать ее и ее потомство пищей и защитой. На подсознательном уровне мужчины и женщины прекрасно осознают этот механизм и часто называют его «зудом седьмого года». Мужчина, который бросает беременную женщину без какой-либо поддержки, представляет собой угрозу для выживания младенца. Поэтому женщины такое пристальное внимание уделяют тому, что мужчина может предложить будущему поколению. Для большинства женщин брак — это абсолютный показатель того, что мужчина готов оставаться рядом и делиться с ней средствами в течение достаточно длительного времени. Поскольку рождение детей — дело сугубо женское, женщина несет серьезную ответственность за создание и воспитание будущего поколения. Естественно, что ей нужен мужчина, готовый разделить с ней эту ответственность. Вот почему доверие в личных отношениях играет столь важную роль для женщины.

С биологической точки зрения, женщине не нужно, чтобы мужчина участвовал в воспроизводстве и содержании потомства другой женщины. Она хочет, чтобы он целиком посвятил себя только ее детям. Вот почему моногамия является обязательным условием серьезных личных отношений практически для всех современных женщин. Если женское доверие было обмануто, восстановить отношения будет очень сложно. Женщина, в жизни которой было несколько подобных отношений, весьма цинично относится к вопросу о том, можно ли доверять мужчинам.

Сегодня гораздо проще, чем когда-либо, собрать информацию о текущем или потенциально возможном материальном положении мужчины. Даже если он не хочет делиться средствами с женщиной и ее детьми, это считается его долгом, потому что без мужской поддержки женщине придется самой заботиться о себе. Главный критерий, с помощью которого женщина оценивает семейный потенциал мужчины, — это любовь. Как мы уже говорили раньше, научные исследования показывают, что понятие любви существует во всех странах мира, где проводились подобные опросы. Дэвид Басс составил список из 115 «актов любви», которые называли ему женщины в разных странах мира. И первым в этом списке стоял любой поступок, демонстрирующий готовность мужчины к принятию на себя обязательств. К числу таких поступков относились отказ от романтических отношений с другими женщинами или разрыв с бывшей партнершей, разговоры о семье и детях, выслушивание рассказов о женских проблемах, обеспечение эмоциональной поддержки и дарение подарков.

В брачных объявлениях женщины часто упоминают в

качестве желательной черты «искренность». В женских объявлениях это слово встречается в четыре раза чаще, чем в мужских. Искренность для женщины — это синоним готовности к обязательствам, а любые обязательства связаны с обещанием материальных средств.

5. Образованность и интеллигентность

Интеллигентный мужчина с более высоким уровнем образования, естественно, рассматривается женщиной как человек, способный заработать больше средств. Образование показывает, что он с большей вероятностью добьется карьерного роста, а следовательно, повысит свой статус и материальное благосостояние. Интеллигентность свидетельствует о том же.

Хотя женщин сегодня тянет к материально состоятельным мужчинам, они и сами стремятся к собственной финансовой безопасности. В прошлом такой проблемы не существовало, потому что любой брак заключался навсегда. Мужчина должен был обеспечивать женщину и ее детей всю оставшуюся жизнь. И поскольку в прошлом семьи были гораздо больше, чем сейчас, то все члены семьи имели широкую «сеть поддержки». Сегодня нет никаких гарантий того, что мужчина и завтра останется с этой женщиной. Например, в 19,67% британских семей нет мужчины — а ведь это каждая пятая семья. Сравните этот показатель с 2,16% семей, где нет женщины. Совершенно ясно, что личная финансовая безопасность сегодня является для женщины одной из главных насущных проблем.

Мы не хотим сказать, что каждая женщина хочет выйти замуж за миллионера, но никто не хочет связываться с мужчиной, который играет в азартные игры, без необходимости рискует деньгами или слишком много тратит на себя. В прошлом у женщин не было выбора. Им приходилось терпеть финансовую безответственность и оставаться со своим мужчиной, каким бы он ни был. Но в XXI веке женщины считают подобное поведение недопустимым и рассматривают его как признак отсутствия любви и уважения со стороны мужчины.

ОБЯЗАТЕЛЬСТВА — ПОЧЕМУ МУЖЧИНА ДОЛЖЕН ДАРИТЬ ЖЕНЩИНЕ ДОРОГОЕ КОЛЬЦО

Когда мужчина хочет завоевать сердце женщины на долгое время, он дарит ей кольцо. И чем крупнее и дороже будет это кольцо, тем больше оно скажет ей — и всем остальным женщинам. Всем сразу станет ясно, что мужчина готов делиться с этой женщиной своими средствами. Проще говоря, чем дороже кольцо, тем решительнее готовность мужчины к обязательствам и тем лучше это понимают все женщины. Даже если мужчина стеснен в средствах, ему стоит одолжить денег и купить дорогое кольцо, а не дарить женщине маленькое и незаметное колечко. И вот этого-то большинство мужчин не понимают. Женщина постоянно смотрит на свои кольца, и они напоминают ей о мужской любви. Подруги смотрят на кольца друг друга, оценивая силу любви чужих партнеров. Даже если семья живет в скромном доме и имеет старую машину, кольцо, купленное специально для женщины, расценивается как публичная декларация мужской любви.

Кевин понимал значимость этого критерия любви для женщин, поэтому купил жене несколько дорогих украшений. Сам он носил лишь простое обручальное кольцо и иногда дорогие часы. Он не видел смысла носить дорогие украшения и не чувствовал в этом необходимости.

Брат же Кевина, Глен, таким образом относился к подаркам для своей жены Лианны. Он редко дарил ей украшения, а когда все же дарил, то выбирал небольшие, скромные вещички, купленные в Таиланде или на гаражной распродаже. Глен не понимал, что подобное отношение ослабляет веру Лианны в его любовь. Жена отлично знала, что муж может позволить себе купить гораздо более дорогие вещи. Кроме этого, Глен считал, что дарить цветы женщинам — это пустая трата денег, потому что цветы через несколько дней вянут. На его мужской взгляд, гораздо лучше было дарить цветы в горшках, которые прожили бы в доме намного дольше. Поэтому он купил Лианне цветок в горшке — розу. «Это цветок любви», — заявил он. Кроме того, Лианна могла брать от розы черенки — и продавать их за деньги! Она могла начать целый цветочный бизнес! Но женщина относится к увядшему букету совершенно по-другому: цветы завяли — значит, мужчина получает возможность купить новый букет и снова продемонстрировать свою любовь.

Вчера проктолог Глена удалил розу из его задницы, и через несколько дней он снова будет на ногах.

С логической точки зрения, роза в горшке гораздо лучше букета роз. Мужчина, разделяющий такую точку зрения, обречен спать в одиночестве.

Поскольку любовные поступки говорят о готовности делиться ресурсами, женщины во всем мире ценят их чрезвычайно высоко. Почти все исследования показывают, что любовь является обязательным условием длительных отношений. Во всем мире 80—90% женщин заявляют, что для брака или постоянных отношений необходима любовь. Сью Шпрехер, соавтор «Руководства по сексуальности в близких отношениях», и ее коллеги провели исследование, в ходе которого 89% опрошенных американских женщин заявили, что никогда не вышли бы замуж без любви, а 11% сказали, что согласились бы на это. Интересно, что в России 41% опрошенных женщин были согласны выйти замуж за нелюбимого мужчину. Это объясняется очень просто. Мужчин в России меньше, чем женщин. Имея широкий выбор, российские мужчины не торопятся принимать на себя обязательства. Похожая ситуация сложилась и в Украине: мы выяснили, что средняя продолжительность жизни мужчин в 2009 году в Киеве составляла всего 56 лет. На каждого 20-летнего мужчину в этой стране приходилось четыре женщины того же возраста. Джентльмены, билеты в Киев вам продадут в любом туристическом агентстве!

Итак, наш совет мужчинам: вы можете экономить на многом, но никогда нельзя скупиться на украшения, которые вы дарите женщинам. Если в начале отношений вы подарили женщине скромное кольцо, потому что были стеснены в средствах, постарайтесь как можно скорее подарить ей что-то более дорогое. Нравится вам это или нет, но такой поступок повлияет на вашу любовную жизнь, потому что другие женщины будут оценивать ваше отношение к партнерше по этому подарку. Мы выяснили, что не согласны с этим утверждением только те женщины, которым мужчины подарили дешевые или крохотные кольца и категорически отказались дарить что-то более впечатляющее.

ДЕСЯТЬ ФРАЗ, КОТОРЫХ ВРЯД ЛИ ДОЖДЕШЬСЯ ОТ ЖЕНЩИНЫ

1. Нельзя ли перевести наши отношения на физический уровень? Я устала быть тебе просто подругой.
2. Не надо опускать сиденье унитаза. Мне так нравится садиться на холодный, мокрый фаянс.
3. Волосатая задница — это так сексуально.
4. Вау! Как это здорово! Сделай так еще раз!
5. Не выбрасывай эту старую футболку! Дырки под мышками выглядят так классно!
6. Этот бриллиант слишком велик! Да и туфель у меня больше чем достаточно!
7. Выброси эту шоколадку!
8. Неважно, что это распродажа: 300 фунтов за платье от известного модельера слишком дорого!
9. Не слишком ли узкие у меня бедра в этом платье?
10. Я собираюсь пройтись по магазинам. Почему бы тебе не позвонить своей бывшей?

СЕМЬ ПРОСТЫХ МУЖСКИХ КАЧЕСТВ, КОТОРЫЕ ТАК НРАВЯТСЯ ЖЕНЩИНАМ

Вот семь качеств, которые женщины считают очень привлекательными и которые, по их мнению, свидетельствуют о способности мужчины зарабатывать средства. Порядок перечисления не является показателем значимости, но в одном можно быть абсолютно уверенным: женщин тянет к мужчинам, которые обладают этими качествами.

1. Женщинам нравятся мужчины, с которыми можно посмеяться

Мужчина, обладающий чувством юмора, всегда находится в центре женского внимания. Наличие чувства юмора регулярно упоминается в женских брачных объявлениях. Когда женщина смеется, ее мозг отдает организму команду вырабатывать эндорфины — вещества, по структуре сходные с морфином. Выброс эндорфинов вызывает у женщины теплое, приятное чувство. Эндорфины являются естественными анальгетиками. Они укрепляют иммунную систему и защищают от болезней. Смех снижает уровень гормонов стресса, таких, как кортизол. При смехе понижается уровень кровяного давления, что снижает риск сердечных заболеваний. Повышение уровня кортизола подавляет иммунную систему, так что снижение уровня этого гормона весьма благоприятно для здоровья.

Женщины подсознательно понимают, что мужчина, способный видеть во всем хорошую сторону, будет благотворно влиять на их здоровье и благосостояние. Такой мужчина способствует долгосрочному выживанию. Женщины также подсознательно избегают мужчин, которые постоянно находятся в плохом настроении, мрачных и брюзгливых ворчунов. Силу юмора понимают и сами мужчины — недаром они постоянно соревнуются в том, кто расскажет лучший анекдот. Они отлично знают, что тот, кто заставит всех смеяться, повысит свой статус — и в глазах приятелей, и в глазах женщин.

2. Женщины ценят мужчин, которые умеют общаться

Женщины высоко ценят мужчин, готовых выслушивать их монологи о проблемах и чувствах, не перебивая и не предлагая своих решений. Если вы — мужчина, то расскажите ей о себе точно так же, как рассказывает о себе она. Такая «зеркальность» создает ощущение взаимопонимания и быстрее ведет к настоящей близости. Это не значит, что мужчина должен вести себя как женщина, — нужно просто уметь слушать.

*Существует два способа спорить
с женщинами.
Но ни один не работает.*

3. Женщины любят мужчин, умеющих готовить

Около миллиона лет мужчины охотились, добывали еду и приносили ее женщинам. Даже в XXI веке мужчина, который может приготовить женщине еду, пробуждает в ней первобытные чувства. Вот почему приглашение на ужин столь соблазнительно, даже если ваша дама не голодна. Это поступок мужчины, который готов обеспечить женщину едой, что является очень мощным стимулом для женского мозга. Если вы мужчина, то сегодня же запишитесь на кулинарные курсы.

4. Женщин тянет к мужчинам, умеющим танцевать

Основная цель танцев — привлечь к себе внимание. Когда партнеры танцуют, они часто обнимаются и зеркально повторяют движения друг друга. Точно так же поступают и другие животные во время «брачных танцев». Только один из восьми мужчин обладает врожденным чувством ритма, который позволяет ему улавливать импульсы и прищелкивать пальцами в ритме музыки, тогда как для большинства женщин это совершенно естественно. Большинство женщин танцует, чтобы привлечь внимание потенциальных партнеров, и ни для чего больше. Любой мужчина, который готов участвовать в этом процессе, поднимается на невероятную высоту. У него никогда не будет недостатка в подружках. Если вы — мужчина, окончив кулинарные курсы, сразу же запишитесь на курсы танцев.

5. Женщины обожают тех, рядом с кем чувствуют себя в безопасности

Женщины постоянно испытывают чувство неуверенности относительно трех вещей: собственной внешности, финансов и того, любят их или нет. Любая женщина хочет, чтобы ей говорили, что она хорошо выглядит, что у нее хорошие духи, что она хороша во всех отношениях. Если вы не заметили, что она сделала новую прическу или купила новые туфли, то тем самым показали ей, что она не заслуживает внимания. Слыша комплименты в свой адрес, женщина чувствует себя сексуальной и может захотеть настоящего секса. Когда мужчина приходит домой поздно и не рассказывает, где был, то тем самым он вызывает в женщине подозрения и тревогу о собственной безопасности. Достаточно позвонить и сказать, где вы находитесь, когда вернетесь и что вы скучаете по ней, — и вы навсегда избавите свою женщину от страха.

«Не полнит ли меня это платье?» — спросила она.
«Нет, — ответил он. — Тебя полнит тот шоколад, который ты постоянно ешь».

6. Женщин влечет к мужчинам, которые любят детей

Женщина вступает в личные отношения, потому что хочет быть частью союза, в котором сможет почувствовать себя спокойно, уверенно и комфортно. Способность создавать новую жизнь — вот козырь любой женщины. Мужчина, который дает понять, что любит детей, который с удовольствием с ними играет, веселится или рассказывает сказки, подобным поведением заметно повышает свою привлекательность в глазах женщины.

7. Женщины всегда обращают внимание на мужчин, которые выглядят здоровыми

Женщина всегда очень высоко ценит хорошее здоровье мужчины. Это одно из наиболее желательных мужских качеств. И тому есть два объяснения. Во-первых, мужчина слабого здоровья может рано умереть или стать инвалидом, а следовательно, не сможет обеспечивать женщину средствами. Во-вторых, он может передать болезнь ей или ее детям через физический контакт или через гены. Здоровый мужчина сулит женщине здоровое потомство и длительное снабжение средствами. Женщины обычно оценивают самые разные признаки слабого здоровья — от плохой физической формы и открытых язв на теле до несвежего дыхания и неухоженных рук.

Крепкое здоровье проявляется через хорошую физическую форму, чистую кожу, энергичную походку, подвижность и хорошее настроение (все это характеризует также людей, обладающих высоким статусом). Вялые, медлительные мужчины могут прожить дольше, но им явно не хватает мотивации и честолюбия, а это заметно снижает их ценность в долгосрочной перспективе. Если вы мужчина, загляните в спортивный зал, прежде чем готовить ужин любимой женщине и приглашать ее танцевать.

ПОЧЕМУ ЖЕНЩИНАМ НЕ НУЖНЫ НЕУДАЧНИКИ

Исследования показывают, что мужчины, лишенные честолюбия, кажутся женщинам очень непривлекательными. Женщины часто рвут отношения с ленивыми мужчинами, с теми, кто потерял работу и кому недостает амбиций. Мужчины же, которые напряженно работают и строят карьеру, гораздо более привлекательны для большинства женщин. А вот те же самые качества в женщинах обычно не привлекают большинство мужчин, поскольку, как мы обсудим в следующей главе, мужчины воспринимают женщин в первую очередь как здоровое хранилище их генов.

Прочитав это, некоторые женщины могут счесть мужчин холодными и расчетливыми. Но, поняв это, женщины получают огромное преимущество в любовной игре.

----

*«Может быть, сегодня ночью сменим позицию?» — предлагает муж.
«Отличная идея! — отвечает жена. —
Ты встанешь к гладильной доске, а я наконец полежу на диване перед телевизором!»*

ЖЕНЩИНАМ ВСЕГДА НУЖНЫ СРЕДСТВА

Все войны начинают мужчины. Любая война ведется только с одной целью — захватить средства врага. Средства делятся на два типа: материальные — земля, нефть, города — и репродуктивные — то есть женщины. На протяжении всей истории воины вторгались на территорию врага, захватывали его собственность, убивали его самого и его сыновей и насиловали или похищали его женщин. Женщин убивали редко, потому что они представляли завоевателям отличную возможность распространить свои гены.

У современного мужчины потребность захватывать и контролировать чужие средства сохранилась, потому что женщины по-прежнему предпочитают мужчин обеспеченных. Женщины постоянно ругают мужчин за то, что они больше времени и внимания уделяют работе, чем семье. Женщины жалуются, что мужчинам интереснее «обходить» коллег и достигать на работе лучших результатов, чем проводить время дома с детьми. Но если бы женщин подсознательно не тянуло к таким мужчинам, то современные мужчины вообще не стремились бы зарабатывать средства. Мужчины делают это, потому что знают, что женщины этого хотят.

Новый международный символ брака

РЕЗЮМЕ

В прошлом женщины пристально изучали качества потенциального долгосрочного партнера, потому что неправильно сделанный выбор мог привести к голоду, страданиям и даже смерти. Неудивительно, что и в XXI веке женщины при выборе партнера руководствуются теми же самыми *основными критериями*. Современные женщины тоже не хотят, чтобы их бросали или обижали. Мы не хотим сказать, что все женщины думают только о том, сколько у мужчины денег. Но *в первую очередь* они выбирают мужчин, обладающих качествами, которые говорят о наличии или способности к получению средств. Женщин привлекают интеллигентность, статус и честолюбие. Не каждой женщине достается мужчина, обладающий этими качествами. Но если у нее будет выбор, она предпочтет именно такого мужчину. Если у мужчины нет средств или амбиций, то большинство женщин им не заинтересуется — разве что если им покажется, что он обладает способностью эти средства получить. Нищий 22-летний студент, который учится на нейрохирурга, адвоката или врача, покажется желанной добычей любой женщине.

....

Американская ассоциация психиатров только что опубликовала результаты нового, весьма показательного исследования. Женщин спрашивали, как они относятся к своей заднице:
1. Всего 5% женщин считают, что их задница слишком толстая.
2. Около 12% женщин полагают, что их задница слишком худая.
3. Оставшиеся 83% женщин сказали, что это не важно, что они его любят, что он хороший человек и что они все равно выйдут за него замуж.

....

* Женщины ищут в мужчинах то же самое, что и их первобытные предки. Им нужны хорошие охотничьи навыки и средства. Общество развивается, но потребности женщин остаются прежними.

* Больше всего женщинам не нравятся лень и отсутствие мотивации, потому что мужчина, обладающий такими качествами, не сможет обеспечить семью средствами.

* Женщинам нужны мужчины, способные их обеспечить, любящие детей и вселяющие в женщину чувство безопасности.

Глава 4

ЧЕГО НА САМОМ ДЕЛЕ ХОТЯТ МУЖЧИНЫ

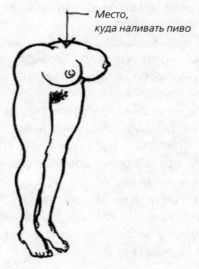

Место, куда наливать пиво

Идеальная женщина

Для большинства мужчин личные отношения никак не связаны с желанием быть вместе до самой смерти и основываются в первую очередь на том, какие услуги может оказать ему женщина. Ей нужны средства, ему — услуги, так что основа любых личных отношений — это просто обмен товарами и услугами. Когда мужчину просят рассказать о своей женщине, он всегда начинает говорить об *услугах*, которые она ему оказывает: она хорошая хозяйка, прекрасно готовит, идеально убирается в доме, замечательно воспитывает детей, хорошая подруга, очень сексуальна, у нее красивые бедра и т.п. Дру-

Почему мужчины хотят секса, а женщины любви

гими словами, идет перечисление услуг, за которые вполне можно вводить почасовую оплату. Когда женщина рассказывает о своем мужчине, она сразу же говорит, что он хорошо получает, умен, с ним весело, у него хорошая работа, есть собственный дом и т.п. Другими словами, мужчина обеспечивает ее средствами. Общество называет такой обмен товарами и услугами «совместимостью», потому что такой термин звучит вполне благопристойно и политкорректно. Однако от смены названия суть явления не меняется. Мужчина просто заинтересован в услугах, которые может оказать ему женщина, и в ее внешней привлекательности.

Если вы женщина, то можете подумать, что мы считаем мужчин людьми поверхностными и эгоистичными. Это не так. Мы просто хотим показать, что потребности и приоритеты мужчин очень просты. Если вы можете удовлетворять их в нужное время, то вам повезло. Если же вы предпочитаете осуждать мужские «ценности» и превозносить «ценности» женские, то вы неизбежно окажетесь в ситуации постоянного внутреннего конфликта и ощущения несчастья.

У мужчин есть только две эмоции —
голод и страсть.
Если вы видите, что у мужчины нет
эрекции, сделайте ему бутерброд.

Многие люди, особенно феминистки, ужасно злятся, когда разговор заходит о тех критериях, по которым мужчины оценивают привлекательность женщин. Эти критерии называют поверхностными и глупыми. Иногда даже звучат предложения запретить исследования мужских предпочтений, поскольку они оскорбительны для женщин. Но на самом деле эти предпочтения формировались сотни тысяч лет. Они намертво укоренились в мужском мозгу, и изменить их очень сложно. Мужские предпочтения основываются на физической красоте и молодости — то есть на том, что необходимо для успешного генетического развития человечества. Да, конечно, общество и образ жизни современного человека кардинально изменились, но основные мужские предпочтения остались прежними, несмотря на то, что они связаны с первобытным обществом, которое больше не существует. Отрицать существование подобных предпочтений — это все равно что злиться на то, что идет дождь, или осуждать плотоядных животных за то, что они не вегетарианцы.

> *Пытаться изменить мужские предпочтения — это все равно что запретить волосам расти на мужском лице, поскольку это больше не модно.*

Поняв и приняв тот факт, что мужская биология — это мощная движущая сила, которая определяет их брачные предпочтения, вы получите возможность разработать правильную стратегию общения с мужчинами. Рыбы на протяжении тысяч лет любили вкус червей и личинок. Отправляясь на рыбалку, вы запасаетесь червями и личинками для наживки, потому что знаете, что рыбы их любят. Нет смысла приманивать рыбу на привлекательный для вас продукт. Рыбы любят червей и личинок. Не ждите, что рыба запрыгнет в вашу лодку, потому что вам этого хочется. Чтобы поймать рыбу, вы должны понять ее поведение и играть по ее правилам. Точно так же, чтобы поймать мужчину и эффективно управлять им, вы должны понять, как устроен его мозг. Только тогда вы сможете разработать стратегию, которая принесет результаты.

КАК СРЕДСТВА МАССОВОЙ ИНФОРМАЦИИ ФОРМИРУЮТ МУЖСКИЕ ВЗГЛЯДЫ

Средства массовой информации, особенно женские журналы, постоянно подвергаются критике за то, что они пропагандируют стандарт женской красоты, к которому все женщины должны стремиться. Да, для женских журналов это действительно так. Но мужские журналы — совершенно другое дело. В женских журналах публикуют фотографии знаменитостей, и знаменитости эти — стройные женщины с идеальной фигурой. Образ худышки пришел к нам с подиумов модных показов. Там профессиональные модели исполняют роль вешалок для новых нарядов, а модельеры хотят, чтобы все внимание было приковано к их творениям. Но исследования показывают, что худые женщины довольно непривлекательны для большинства мужчин. Это объясняется тем, что чем стройнее женщина, тем дальше она от классического соотношения между бедрами и талией, которое должно составлять 70% (более подробно об этом мы поговорим в главе 8), а следовательно, тем сложнее ей будет вынашивать детей. Мужской мозг устроен таким образом, чтобы распознавать надежные биологические признаки женского репродуктивного потенциала. Поэтому привлекательнее всего для мужчин женщины с фигурой, напоминающей песочные часы. И редакторы мужских журналов отлично это понимают. Просмотрите журналы, где рекламируются машины и мотоциклы, и вы увидите пышногрудых женщин, откровенно посылающих эти биологические сигналы. Вот почему в рекламе «Харлей-Дэвидсон» никогда не увидишь девушку с фигурой вешалки. Более 80% зрителей конкурса «Мисс Вселенная» — мужчины, а вот на модных показах мужчин в зале менее 5%.

Профессор Дуглас Кенрик и его коллеги из Университета штата Аризона изучили создаваемый средствами массовой информации портрет биологически идеальной женщины и пришли к поразительным результатам. Они выяснили, что мужчины, которым показывали фотографии сексуально привлекательных женщин, позднее называли своих реальных жен и подруг менее привлекательными, чем те, кому показывали снимки обычных женщин. Хуже того, те, кто смотрел на снимки красавиц, называли себя менее серьезными и менее удовлетворенными своими партнершами. Даже мужчины, партнерши которых выглядели просто блестяще, оказывались менее удовлетворенными после просмотра фотографий сексуально привлекательных женщин. Эти результаты вселяют тревогу, потому что в мужских журналах и Интернете публикуются идеальные снимки, которые выбирают из сотен фотографий, сделанных ради того, чтобы поймать нужный образ или позу. Другими словами, эти фотографии не отражают реального мира, в котором мы все живем. В прежние времена мужчинам приходилось выбирать себе партнерш из реального круга доступных женщин. Они не рассматривали искаженные и тщательно отретушированные образы выдуманных красавиц. Вполне можно предположить, что наши предки были гораздо более удовлетворены собственными женщинами, чем мужчины XXI века: что они видели, то и имели.

Мужской мозг по-прежнему оценивает потенциальных партнерш подобным образом, но его дурачат современные технологии, которые искусственно стимулируют мужскую реакцию на первобытные сигналы плодовитости. Точно так же фастфуд использует достижения современной химии для того, чтобы заставить человеческий мозг поверить в то, что он потребляет нечто полезное для организма. Результатом такой диеты становятся диабет, ожирение и плохое здоровье.

Образы идеальных женщин, распространяемые средствами массовой информации, сильно влияют на мужчин и на их нежелание вступать в прочные и длительные отношения. Эти образы эксплуатируют свойственное женщине естественное стремление к конкуренции с целью привлечения мужчин. Женщины бросаются к пластическим хирургам, скупают огромное количество одежды и косметики, поскольку хотят привлечь мужское внимание.

Красота поблекнет, но имплантаты — это навсегда

ЧЕГО НА САМОМ ДЕЛЕ ХОТЯТ МУЖЧИНЫ

Вот четыре основных требования — то есть то, чего мужчины всегда хотят от женщин:

1. Секс.
2. Основные услуги — готовка, стирка, уборка, забота и т.п.
3. Мужчина хочет быть любимым и единственным.
4. Женщина должна посвящать мужчине все свое время.

Все очень просто. Все, что говорят и делают мужчины, продиктовано этими четырьмя потребностями. Если угадать, какую из четырех потребностей мужчина хочет удовлетворить в конкретный момент, им станет очень легко управлять. Проблема заключается в том, что все важное для мужчины женщинам кажется малозначительным, и наоборот. Например, мужчина считает, что, работая допоздна, в выходные и на двух работах, он жертвует собой ради того, чтобы обеспечить семье пропитание и кров. Женщина же в такой ситуации считает, что мужчину более интересует работа, чем семья.

....

*ЧТО, ПО МНЕНИЮ МУЖЧИН,
ДОЛЖНЫ ЗНАТЬ ЖЕНЩИНЫ
ПРАВИЛО № 153
Ради всего святого, говори то, что ты
хочешь сказать,
во время телевизионной рекламы.*

....

В личных отношениях большинство мужчин делает все, чтобы добиться от женщины удовлетворения четырех основных своих потребностей. Они готовы устраивать романтические ужины, танцевать до упаду, демонстрировать свою «женственную сторону», то есть разговаривать с женщиной, твердить ей, что она единственная и неповторимая, самая замечательная в мире — ну, вы сами знаете, что мы вам рассказываем. Однако основная цель мужчины — добиться, чтобы женщина удовлетворила одну или несколько его основных потребностей и сделала это прямо сейчас. Если женщина в данный момент хочет услышать нежное воркование о «любви до гроба», она это получит. Мужчина готов сказать женщине о ее внешности все, что угодно, лишь бы повысить свои шансы на то, что она ляжет с ним в постель. Среди мужчин подобное поведение считается вполне нормальным.

Никогда не ждите, что станете для мужчины самой главной на все времена.
Иногда главным для него будут друзья или дети, иногда — любимая команда, машина или карьера и лишь иногда — вы.

НА ЧТО МУЖЧИНЫ ГОТОВЫ РАДИ СЕКСА

Чтобы заслужить награду в виде секса и других преимуществ, мужчина готов сделать для женщины все. И женщины это знают. «Сходи со мной в магазин, — говорит она. — Построй мне дом. Отвези меня на курорт. Своди меня в кино/ресторан/к маме. Уложи детей спать. Покрась гараж», — и так далее, и тому подобное. Откуда мы знаем, что за все это мужчина ожидает вознаграждения в виде секса? Просто мужчины никогда не делают этого для других мужчин. А если они делают что-то для других мужчин, то между ними возникает молчаливый долг, который должен быть возвращен.

Аллан и Барбара Пиз

Скотт жил с Кирсти и двумя ее сыновьями. Когда-то они с Кирсти были близки и жили вместе около года, но потом расстались. Через некоторое время Скотт потерял работу, и ему негде стало жить. Он поселился у Кирсти и помогал ей по дому — стриг газон, стирал, пылесосил полы, выбрасывал мусор и играл с ее мальчиками. Скотт покупал мальчикам подарки и каждую неделю устраивал для всей семьи ужин в ресторане. Он платил Кирсти минимальную квартирную плату, они спали в разных комнатах. Скотт не имел желания возобновлять личные отношения. Но Кирсти продолжала любить Скотта и хотела создать с ним семью. Когда он дал ей понять, что это невозможно, она попросила его съехать.

Скотт больше не навещал ее и никогда не видел мальчиков. Он считал, что в полной мере оплатил свое проживание, и не собирался вновь входить в ту же реку.

Если мужчина не занимается с женщиной сексом, но тратит время на то, чтобы сделать ей приятное, возникает молчаливый долг, точно такой же, как если бы она была мужчиной. Он обязательно захочет вернуть этот долг — сексом или иными услугами.

Мы знаем историю о том, как сэр Уолтер Рэли бросил свой роскошный новый плащ в грязь, чтобы женщина не замочила ног. Почему он это сделал? Потому что он пробыл в море 15 месяцев и отчаянно хотел секса. Ни один мужчина в здравом уме никогда не поступит так со своим дорогим пиджаком.

Страх остаться без женских услуг — вот что заставляет невнимательного, грубого мужчину неожиданно становиться дамским угодником и клясться в вечной любви. В такой ситуации мужчина может даже сказать, что женится на ней или что хочет иметь от нее детей. Мужчина скажет женщине все, что угодно, лишь бы получить свою пищу, чистую одежду и секс — или просто чтобы победить соперника. К счастью для мужчин, большинство женщин этим словам верит. Женщины должны наслаждаться тем, что им дает мужчина, но не верить его словам безоговорочно.

· ·

Сначала Бог создал Землю, потом отдохнул.
Потом Бог создал мужчину и снова отдохнул.
Потом Бог создал женщину.
С этого момента ни Богу, ни мужчине больше отдохнуть не удавалось.

· ·

МУЖЧИНЫ НЕ ДУМАЮТ ОБ ОТНОШЕНИЯХ

Как мы уже писали раньше, мужской мозг привлекает все, что связано с «охотничьими» навыками, сексом и покорением пространства. Это становится сразу же понятно по тем журналам, какие они покупают. Мужчины читают журналы о рыбалке, автомобилях, компьютерах, фотоаппаратах, яхтах — и те, где есть фотографии соблазнительных красоток. В мужских журналах вы никогда не найдете статей типа:

«Как спланировать свадьбу»

«Как добиться, чтобы женщина была тебе верна»

«Как правильно выбрать костюм»

«Как найти единственную и неповторимую на всю жизнь».

В мужских журналах скорее напечатают что-то вроде:

«Как заработать деньги»

«Как накачать пресс»

«Как стать настоящим жеребцом»

«Как добиваться секса от разных женщин»

Женщины читают все, что связано с людьми и человеческими отношениями. Они скупают женские журналы и тысячи книг по личным отношениям. Мужчин подобная литература не интересует. Они хотят, чтобы их кормили, любили, чтобы с ними играли и давали им возможность побыть в одиночестве. Об этом пишут редко, потому что большинство книг об отношениях написано женщинами и 90% их читателей — тоже женщины. Мужчинам так сложно строить отношения с женщинами, потому что они просто об этом не думают. А когда они об этом задумываются, то сразу же представляют себе орущих младенцев, отсутствие денег, лысину, жену-зануду, пивной живот и вечную моногамию.

Идеальный пульт
дистанционного
управления
для мужчин

Большинство мужчин, и в особенности молодых мужчин, в глубине души уверены, что прочные отношения помешают им использовать возможности, которые могут представиться в любой день. Ну, например, если Томми Ли решит навсегда связать свою жизнь с какой-нибудь женщиной, ему никогда уже не придется поваляться на сеновале с Памелой Андерсон, Хизер Локлир и другими роскошными блондинками. И даже если вероятность чего-то подобного меньше одного процента, мужчинам все равно не хочется сжигать мосты — ну хотя бы на всякий случай. Именно так думает большинство мужчин. Идея «пока смерть не разлучит нас» жутко пугает мужчин.

ЧТО, ПО МНЕНИЮ МУЖЧИН,
ДОЛЖНЫ ЗНАТЬ ЖЕНЩИНЫ
ПРАВИЛО № 43
Идеальный ответ практически
на любой вопрос — «Да» или «Нет».

РАСШИФРОВКА МУЖСКОЙ РЕЧИ

У мужчин есть набор стандартных фраз, с помощью которых они убеждают женщин удовлетворить какую-нибудь из четырех основных мужских потребностей, в частности, потребность в сексе. Вот самые популярные мужские фразы и их перевод.

1. Ты очень красива / привлекательна/ хороша собой.

У тебя чистое, симметричное лицо, и это говорит о том, что ты могла бы успешно передать мои гены. Давай займемся сексом.

2. Сегодня вечером ты выглядишь просто потрясающе.

Я хочу заняться с тобой сексом как можно быстрее.

3. Давай останемся друзьями.

Я не влюблен и не схожу от тебя с ума. Надеюсь, ты не станешь звонить мне по сорок раз на дню и не будешь оставлять сообщения с вопросом о том, где я нахожусь.

4. В этом платье ты удивительно сексуальна.

Это платье подчеркивает соотношение между твоими бедрами и талией, и соски у тебя соблазнительно выделяются. Твой вид возбуждает мой мозг, вызывая выброс гормонов. Я хочу заняться с тобой сексом прямо сейчас.

5. Зайдешь на чашечку кофе?

Давай займемся диким сексом, пока я еще слегка пьян и в квартире достаточно темно, чтобы не замечать недостатков твоей внешности.

6. Можно тебя угостить?

Выпей — может быть, ты расслабишься, и мы сможем заняться сексом. Обычно затем следует фраза: «Выпей еще».

7. Я не могу сегодня побыть с тобой. Завтра мне нужно рано вставать.

Спасибо за секс. Мне пора!

8. Мне нужны открытые, честные отношения.

Если в будущем я решу слинять, то эта фраза позволит мне сказать: «Я же говорил, что буду честен с тобой».

9. Я позвоню тебе / встречусь с тобой после закрытия клуба.

Если сегодня мне не повезет, я займусь сексом с тобой.

10. Дело не в тебе... а во мне.

Все дело в тебе, так что убирайся побыстрее.

Как бы забавно это все ни звучало, но женщины часто убеждают себя в том, что за этими фразами скрывается что-то реальное. Большинство женщин сами подталкивают мужчин к произнесению этих сакраментальных фраз. Неудивительно, что лишь немногие женщины способны быстро определить, является ли мужчина серьезным партнером для длительных отношений. Если бы женщины умели понимать то, что скрывается за мужскими словами, им было бы гораздо легче отделить зерна от плевел.

МУЖЧИНАМ НУЖНЫ ПРОДОЛЖАТЕЛЬНИЦЫ РОДА

Первобытные мужчины отдавали предпочтение женщинам, способным родить много детей, поэтому они обращали внимание на два основных фактора: молодость и здоровье. Чем моложе женщина, тем больше детей она успеет родить. Репродуктивная способность женщины достигает своего пика в 20 лет. В 30 лет этот показатель находится на среднем уровне, в 40 — на низком, а в 50 сходит на нет. Вот почему и современных мужчин тянет к молодым женщинам — то есть к тем, кто обладает высокой репродуктивной ценностью. Вот почему чем моложе женщина, тем выше для нее риск быть изнасилованной. Статистика показывает, что в США 85% жертв изнасилования моложе 36 лет, то есть этот показатель напрямую связан с женской репродуктивной ценностью.

Как правило, мужчины хотят, чтобы жены были на два-четыре года моложе их. Чем старше становится мужчина, тем более молодых женщин он предпочитает. Профессора Кенрик и Киф анализировали возрастные предпочтения мужчин. Они выяснили, что в 20 лет мужчины предпочитают 18-летних девушек, в 35 — тридцатилетних, в 48 — 37-летних, а после 50 лет — женщин на 20 лет моложе себя.

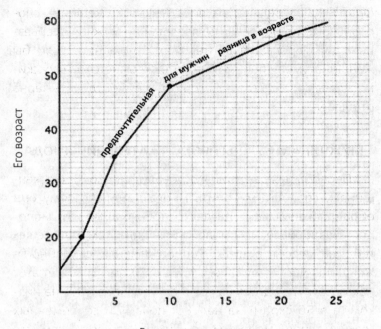

Разница в возрасте

Мужчины инстинктивно понимают соотношение между материальным достатком и способностью привлечь молодых женщин. Немецкий этнолог Карл Граммер изучил данные компьютерного брачного агентства, услугами которого воспользовались 2638 мужчин и женщин. Он обнаружил, что чем выше достаток мужчины, тем более молодых партнерш он ищет. Например, мужчина, который зарабатывал 10 тысяч евро в месяц, хотел познакомиться с женщиной на 5—10 лет моложе себя, тогда как тот, кто получал всего тысячу евро в месяц, был готов познакомиться с женщиной, которая была бы моложе его менее чем на пять лет. Каждая дополнительная тысяча снижала желательный возраст женщины на год.

Другими словами, мужчины понимают, что чем выше их достаток, тем больше партнерш они могут привлечь и тем выше может быть репродуктивная ценность этих женщин. Когда мужчина готов разделить свои средства с одной конкретной женщиной, его шансы найти себе высококачественную партнершу заметно повышаются, потому что желанные женщины могут с его помощью добиться заветной цели — вступить в долгосрочные отношения с мужчиной.

Значит ли это, что женщины старше 50 лет, то есть не имеющие репродуктивной ценности, обречены на одиночество? Вовсе нет. Это означает лишь то, что, подобно молодым девушкам, зрелые женщины должны оставаться привлекательными для того, чтобы продолжать участвовать в брачных играх. В женских журналах полно статей о зрелых женщинах и о способах сохранения молодости. Более молодой вид привлекает мужчин всех возрастов. И совершенно не важно то, что зрелая женщина больше не может иметь детей. Вспомните Джоан Коллинз, Шер, Ивану Трамп и Мадонну.

**ЧТО, ПО МНЕНИЮ МУЖЧИН,
ДОЛЖНЫ ЗНАТЬ ЖЕНЩИНЫ
ПРАВИЛО № 22**
*Если сказанное мной можно
истолковать по-разному и одно
из этих истолкований тебя злит
или огорчает, значит, я имел в виду
другое.*

Ни одно из мужских предпочтений не кажется женщинам справедливым, разумным или политкорректным. Но такова реальность — нравится вам это или нет. Поняв причину мужских предпочтений, осознав, что так устроен их мозг, вы станете лучше понимать мужчин и вам станет легче с ними общаться.

САМОЕ ГЛАВНОЕ

Список мужских приоритетов

Вот основные качества, которые мужчины ценят в долгосрочных партнершах:

1. Личность
2. Привлекательность
3. Ум
4. Чувство юмора
5. Хорошая фигура

А теперь сравните этот список со следующим — списком качеств, которые в партнере ценят женщины. Вы увидите, что эти списки весьма похожи. Первое место в обоих занимает личность. Главное различие заключается в том, что женщинам при этом нужен чуткий мужчина, тогда как мужчина предпочитает красивую женщину.

Список женских приоритетов

Вот чего хотят от долгосрочного партнера женщины:

1. Личность
2. Чувство юмора
3. Чуткость
4. Ум
5. Хорошая фигура

В прошлом у женщин не было такого длинного списка, потому что им было достаточно найти мужчину, готового добывать для них пищу и защищать их от агрессоров. Первобытному мужчине не нужно было рассказывать анекдоты, играть в шахматы или понимать чувства женщины. Первобытным женщинам было гораздо проще искать партнеров, потому что в то время не было ни косметики, ни изящного нижнего белья, ни пластической хирургии. Наши предки играли в намного более простую игру.

А теперь мы расскажем о том, чего большинство женщин просто не знает: у мужчин есть два списка, тогда как у женщин обычно только один. Женщине не важно, ищет ли она партнера на месяц или на всю жизнь. В своей оценке она руководствуется одними и теми же критериями. А вот у мужчин есть список требований к долгосрочной партнерше, а есть список критериев, которым должна удовлетворять партнерша на короткое время.

Список мужских приоритетов

Вот чего мужчины хотят от партнерши на короткое время:
1. Привлекательность
2. Хорошая фигура
3. Красивая грудь
4. Красивые ягодицы
5. Личность

Совершенно ясно, что этот список состоит в основном из визуальных сигналов, которые вызывают гормональную активность в гипоталамусе и мозжечковой миндалине, то есть он целиком связан со страстью. Дэвид Басс выделил 67 характеристик, которые в партнере на короткое время ценят и мужчины и женщины. К их числу относятся верность, общительность, честность, здоровье, доброта, интеллигентность, обаяние, образованность, щедрость, ответственность и готовность помочь. Басс выяснил, что мужчины считают эти характеристики для партнерши на короткое время гораздо менее важными, чем женщины. Кроме того, в случайных партнершах мужчин почти не волнуют негативные характеристики — склонность к случайным связям, алкоголизм, отсутствие образования, бисексуальность и психическая нестабильность. А вот в партнерше на длительный срок подобные качества для мужчин весьма нежелательны. Выбирая партнершу на всю жизнь, мужчины обращают внимание на физическую привлекательность и верность, а волосатость и фригидность считаются нежелательными. Верность в случайной подружке — качество крайне нежелательное, зато жизненно необходимое для супруги или постоянной партнерши. Если случайная подружка уже замужем, то мужчины оценивают ее гораздо выше, чем незамужнюю, потому что замужняя женщина вряд ли станет требовать от мужчины серьезных обязательств.

Краткосрочный мужской список действует в клубах, пабах, барах, на пляжах, в спортивных залах и т.п. Это список чисто физических характеристик, потому что, как показывают результаты сканирования мозга, мужчины очень активно реагируют на визуальные стимулы и в первую очередь обращают внимание на лицо и фигуру женщины. Интересно, что многие женщины больше всего концентрируются на качествах из этого краткосрочного списка. Но, нравится вам это или нет, эти качества важны для подружки на одну ночь или на месяц, а не для жены или партнерши надолго. Женщина, которая постоянно одевается, как дешевая проститутка, полностью соответствует этому списку. Мини-юбки, блузки с глубоким вырезом, сильный макияж и развязное поведение вполне соответствуют краткосрочному списку любого мужчины. Вот почему женщины, которые выставляют себя в подобном свете, обречены на случайные связи. Чтобы привлечь мужчину для длительных отношений, женщине нужно изучить его долгосрочный список, а потом одеваться и вести себя в соответствии с ним. Впрочем, и краткосрочный список тоже полезен — с его помощью можно быстро привлечь внимание.

О ЧЕМ ГОВОРЯТ БРАЧНЫЕ ОБЪЯВЛЕНИЯ

Брачные объявления мужчин и женщин сразу же показывают различия мужских и женских предпочтений. Мужчины в три-четыре раза чаще женщин упоминают внешнюю привлекательность, тогда как женщины уделяют основное внимание материальной состоятельности — мужчина должен, по меньшей мере, иметь работу, машину и жилье.

Психолог Марк Мейсон из колледжа Нин в Нортхэмптоне изучил 2200 брачных объявлений, чтобы выяснить, что люди ищут в партнере чаще всего и какие объявления оказываются наиболее эффективными. По его мнению, формула успеха выглядит следующим образом: 70% — о себе, 30% — пожелания к потенциальному партнеру.

Вот мужское объявление, которое оказалось весьма эффективным, поскольку мужчина обозначил свою готовность к обязательствам.

Мужчина, 28 лет, с высоким доходом, искренний, с чувством юмора, ищет привлекательную, внимательную молодую женщину для серьезных отношений.

Это объявление эффективно, потому что женщины узнают из него самую ценную для себя информацию — о наличии у мужчины средств. В то же время и мужчина откровенно пишет, что ему нужно, то есть молодость и здоровье, что равносильно репродуктивной ценности.

Сравните это объявление с типично женским объявлением, тоже весьма эффективным.

Привлекательная, стройная, чуткая и любящая женщина ищет мужчину с высоким доходом, чувством юмора, независимого и искреннего, для серьезных отношений.

Женщина откровенно предлагает свои физические качества и пишет о готовности заботиться о мужчине. В обмен же ей нужны средства.

Любые разговоры о том, чего на самом деле хотят мужчины и женщины, неизбежно вызывают протесты со стороны разных людей. Вам наверняка будут приводить в пример тех, кто составил брачное объявление совершенно иначе, но тоже добился успеха. Но ведь мы говорим об общих принципах, эффективных для большинства людей и в большинстве случаев, а не об исключениях из правил.

ПОЧЕМУ ВНЕШНЯЯ ПРИВЛЕКАТЕЛЬНОСТЬ НАСТОЛЬКО ВАЖНА

Мы хотим рассказать вам об исследовании, которое длилось более 50 лет и началось в 1940 году. Ученые оценивали мужские и женские критерии при подборе партнера. В каждом десятилетии мужчины называли женскую привлекательность очень важным фактором, тогда как женщины считали этот критерий желательным, но не очень значимым. К 1990 году и мужчины и женщины стали считать физическую привлекательность на 50% более значимой. К 2008 году этот показатель в сравнении с группой, опрошенной в 1940 г., вырос на 65%. Это объясняется глобализацией и широким выбором потенциальных партнеров в конце XX века. Кроме того, в этот период средства массовой информации во всем мире начали беспрерывно демонстрировать идеальных мужчин и женщин. Полученные данные показывают, что значимость физической привлекательности не является постоянной, а меняется в соответствии с обстоятельствами. К сожалению, сегодня мы гораздо сильнее, чем наши предки, хотим получить в партнеры совершенство.

Исследование также показывает, что физическая привлекательность важна для всех мужчин вне зависимости от географии. Привлекательность ценят латыши и греки, исландцы и китайцы, марокканцы, инуиты и зулусы. Тяга мужчин к физически привлекательным женщинам формировалась на протяжении сотен тысяч лет. На этих мужских предпочтениях основывается многомиллиардный бизнес пластической хирургии и косметической промышленности. Производители и хирурги отлично понимают, какие реакции запускает гормональный всплеск в мужском мозгу. Предлагаемые продавцами товары и услуги рассчитаны на то, чтобы обеспечить женщин этими реакциями.

Обнаженная женщина стоит перед зеркалом в спальне.
Ей не нравится собственное отражение, и она говорит мужу:
«Я чувствую себя ужасно. Я старая, толстая и некрасивая.
Скажи мне какой-нибудь комплимент».
«У тебя идеальное зрение», —
откликается муж.

Мужчины тянутся к привлекательным женщинам, чтобы наглядно продемонстрировать свою состоятельность. Красивая женщина рядом с мужчиной — живое доказательство его способностей и статуса. Это своего рода трофей. Красивая женщина стоит в одном ряду с дорогой картиной, спортивной машиной, золотыми часами и аристократическим титулом. Она делает мужчину более привлекательным для других женщин. Доктор Басс установил, что в любой точке мира некрасивая жена понижает социальный статус мужчины. А вот непривлекательный муж никоим образом не сказывается на статусе женщины, даже если ее партнер похож на Майка Тайсона после неудачного боя. Если у него есть деньги, власть и средства, он все равно будет считаться желанной добычей — пусть даже у него огромный живот, а лицо выглядит так, словно его переехал автобус.

ЧТО ТАКОЕ «ПРИВЛЕКАТЕЛЬНОСТЬ»

Привлекательность означает, что у женщины хватает времени и желания на то, чтобы представить свои достоинства в самом выгодном свете и скрыть недостатки. Привлекательная женщина хороша всегда. Помните, мужчин привлекает то, что они видят, а не то, что есть на самом деле. Физическая привлекательность женщины непосредственно связана с состоянием ее здоровья — вот почему этот критерий настолько важен для мужчин. Когда зрелая женщина красиво одевается и умело накладывает макияж, ее считают привлекательной, хотя на самом деле она просто имитировала внешность и поведение молодой женщины, способной к деторождению. Большинство женщин это отлично понимает. Производители косметики, продуктов для похудения, одежды и тренажеров обещают потребительницам, что их товары и услуги помогут им отвечать мужским критериям выбора партнерш.

Психолог Пол Розен провел эксперимент, в ходе которого выяснял мужское и женское представление об идеальной женской фигуре. Он показывал участникам фотографии женщин — от очень худеньких до очень полных. Все без исключения женщины назвали более стройных дам привлекательными и сказали, что хотели бы так выглядеть сами. Мужчины же самыми привлекательными назвали женщин среднего телосложения. Это доказывает, что современные женщины заблуждаются, считая, что мужчины любят худышек. Во всем мире мужчины предпочитают женщин среднего и полного телосложения, фигуры которых напоминают песочные часы. О том, почему это происходит, мы поговорим позже.

Профессор Дональд Саймонс с факультета антропологии Университета Калифорнии в Санта-Барбаре одним из первых заметил, что в странах, где пищи предостаточно, например, в США, мужчин больше тянет к стройным женщинам. Там же, где пищи не хватает, мужчины выше ценят полных женщин. Он выяснил, что основную роль в этом играет ментальное состояние, связанное с пищей, а не сама пища.

РАЗОБЛАЧИМ АМАЗОНОК

Чтобы привлечь внимание мужчин, женщины некоторых племен Африки и Амазонии ходят с обнаженной грудью и надевают пояса, напоминающие трусики-стринги. Женщин цивилизованного мира подобный подход шокирует, но на самом деле они привлекают своих мужчин практически так же. Они пользуются косметикой, чтобы их кожа казалась гладкой и здоровой. Тушь для ресниц делает их глаза больше, губная помада имитирует прилив крови к губам, выкрашенные в светлый цвет волосы — признак молодости и высокого уровня эстрогена. С помощью пластических хирургов женщины делают свои лица молодыми и привлекательными. Современные женщины надевают хитроумные бюстгальтеры, мини-юбки, нейлоновые чулки, туфли на высоких каблуках и вкалывают себе ботокс, чтобы избавиться от морщин. И все это для того, чтобы показаться привлекательными мужчинам, которые всегда предпочитают молодых и здоровых партнерш. Как мы уже говорили, это и объясняет тот факт, что мужчины влюбляются быстрее, чем женщины: визуальные сигналы распознаются мгновенно.

Мы вовсе не призываем женщин отказаться от подобных ухищрений. Мы просто объясняем, *зачем* они им нужны.

ЧТО МУЖЧИНЫ СЧИТАЮТ КРАСИВЫМ

У животных нет понятия красоты. Собака, кот или слон никогда не любуются закатом, картинами Моне или водопадами. Не существует некрасивых обезьян, кошек или лошадей. В животном мире привлекательность самки определяется однозначно — если она в течке, значит, она привлекательна.

Люди определяют красоту окружающего мира, опираясь на опыт предков. Мы считаем картину или фотографию красивой, когда она имитирует нечто, принадлежащее тому миру, в котором жили наши предки: воду, животных, погоду, конфликты и радости.

> *Вернувшись из поликлиники,*
> *45-летняя Джоанна с гордостью*
> *сказала мужу:*
> *«Доктор сказал, что у меня грудь*
> *20-летней девушки».*
> *«А что он сказал о твоей отвисшей*
> *45-летней заднице?» — спросил муж.*
> *«Ничего, — парировала жена. — Твое*
> *имя даже не упоминалось».*

Мужчины оценивают физическую красоту женщины, чтобы составить представление о ее репродуктивной способности. К числу желательных признаков относятся гладкая кожа, здоровые и блестящие волосы, хороший мышечный тонус, ясные глаза и энергичная походка. Все эти признаки говорят о молодости и здоровье, а следовательно, о высокой репродуктивной ценности. Выглядеть привлекательной женщине помогают косметика, шампуни, кондиционеры, кремы и скрабы. С эволюционной точки зрения молодые, здоровые женщины могут родить больше детей, а следовательно, лучше сохранить генетическое наследие мужчины. Следовательно, чистые женщины во всем мире считаются более привлекательными, чем грязные, потому что грязь всегда связана с болезнью, а болезнь снижает шансы потомства на выживание.

Профессор Рэнди Торнхилл, биолог-эволюционист из Университета Нью-Мексико, провел эксперимент, в ходе которого просил мужчин и женщин оценить привлекательность женских лиц на фотографиях. Лица зрелых женщин показались менее привлекательными представителям обоих полов, причем мужчины поставили им более низкие оценки, чем женщины. Это показывает, что женщины инстинктивно понимают механизм действия этого принципа, и объясняет, почему подтяжки лица настолько популярны.

УНИВЕРСАЛЬНЫЙ КОНКУРС КРАСОТЫ

Мир превратился в гигантский конкурс красоты, в котором участвуют практически все женщины из всех стран. Сегодня на женскую внешность тратится денег больше, чем когда бы то ни было в истории. Основная тема обложек современных женских журналов — это красота. Ей посвящено 94% обложек, тогда как в 40-е годы этот показатель составлял всего лишь 18%, а основное внимание уделялось одежде, кулинарии и оформлению интерьера. Пластические хирурги, производители косметики и диетических продуктов в США сегодня получают более 100 миллиардов долларов в год. Косметическая промышленность не изобретает образ женщины, привлекательной для мужчин, она просто эксплуатирует сложившийся образ на полную катушку. Феминистки считают женщин, идущих на поводу у индустрии моды и красоты, обыкновенными дурочками, которые делают то, чего от них хотят мужчины, или просто поддаются уговорам средств массовой информации. На самом же деле косметика и пластическая хирургия — это результат страстного желания женщин победить в конкурсе за сердца мужчин. Женщины инстинктивно понимают, что, украшая себя, они повышают свои шансы заполучить то, чего им хочется. Проблема заключается лишь в том, что средства массовой информации пропагандируют недостижимый для большинства женщин уровень красоты. Из-за этого у миллионов женщин снижается самооценка, и они перестают обращать внимание на другие факторы, которые не менее важны для мужчин при поисках долговременной партнерши, то есть личность, чувство юмора и интеллигентность.

ТЯГА К КРАСИВЫМ ЛИЦАМ ЯВЛЯЕТСЯ ВРОЖДЕННОЙ

В 2003 году Джудит Ланглуа и ее коллеги из Университета Техаса в Остине доказали, что человеческая тяга к красивым лицам является врожденной, а не усвоенной в результате воспитания, как считалось ранее. Она показывала фотографии разных людей младенцам в возрасте 2—3 месяцев и малышам в возрасте 6—8 месяцев. Оказалось, что обе группы дольше рассматривали более привлекательные лица. Во время второго эксперимента Джудит предложила годовалым малышам играть с куклами, имевшими самые разные лица. Выяснилось, что с красивыми куклами дети играли дольше и улыбались им чаще.

*Когда мужчина смотрит на снимок
обнаженной модели в «Плейбое»,
он не задумывается над тем, умеет
ли она готовить, играть на пианино
и хороший ли она человек.*

Ученые экспериментальным путем доказали, что существует универсальная формула красоты. Практически во всем мире критерий красоты одинаков. В книге «Почему мужчины врут, а женщины ревут» мы писали, что чем симметричнее женское лицо, тем более привлекательным оно кажется. С возрастом симметрия лица нарушается, поэтому молодые лица кажутся более привлекательными.

ЧТО ЗАВОДИТ МУЖЧИН — 70%-НОЕ СООТНОШЕНИЕ МЕЖДУ ТАЛИЕЙ И БЕДРАМИ

Мы уже несколько раз упоминали это соотношение, потому что оно имеет огромное значение для мужчин. Природа сама настроила мужчин на поиск такого соотношения — то есть фигуры, напоминающей песочные часы. Женщины с такой фигурой считаются самыми плодовитыми и наиболее склонны к зачатию. Это соотношение используется практически в любой рекламе, где женщины продают товары мужчинам. Такое соотношение привлекает мужское внимание даже тогда, когда женщина весит больше, чем следовало бы. 70%-ное соотношение важнее, чем реальный вес. Такое соотношение говорит о плодовитости и высоком содержании жира (который откладывается в основном в области бедер), необходимом для грудного вскармливания младенца.

В целом мужчины любят те части женского тела, которые не похожи на их собственные. Там, где у женщины выпукло, у мужчины плоско. Там, где у нее мягко, у него жестко. Так что, если говорить о физических различиях, противоположности действительно притягиваются.

ЧТО МУЖЧИНАМ НЕ НРАВИТСЯ В ЖЕНЩИНАХ

Женщины, которые постоянно жалуются на несовершенство собственного тела, очень не нравятся мужчинам. Приведем примеры:

«У меня слишком толстые ноги».

«У меня слишком большая задница».

«Меня замучил целлюлит».

«Я слишком толстая/высокая/маленькая».

«У меня слишком тонкие/жирные/сухие волосы».

«У меня появляются морщины».

«У меня слишком маленькая/плоская/некрасивая грудь».

«Я ненавижу свои растяжки/толстый живот».

Когда мужчина увлечен женщиной, он сосредоточивается на ее физических достоинствах и не обращает внимания на недостатки. Когда он ухаживает, приглашает на ужин и всячески развлекает женщину, в его мозгу происходит выброс допамина и других гормонов. В такой ситуации он не видит ни одного недостатка, даже если они объективно существуют.

Когда дело касается женщин, мужчины становятся очень примитивными созданиями. Их раздражают не размеры и не формы женского тела, а неуверенность женщины в собственной привлекательности. В 2008 году в Австралии было проведено исследование, в котором приняли участие девушки в возрасте от 13 до 28 лет. 86% из них оказались неудовлетворены собственной внешностью и были готовы на что угодно, в том числе и на пластические операции, лишь бы стать красивее. Современные мужчины устали от подобных разговоров и просто не обращают на них внимания. Когда мужчина увлечен женщиной, растяжки на ее животе кажутся ему нежными и сексуальными, большие бедра — соблазнительными, а тонкие волосы — идеальной прической. Но женщина, которая говорит о своих недостатках, сразу становится непривлекательной. Это очень просто.

ФИЗИЧЕСКИЕ ПРЕДПОЧТЕНИЯ ГЕЕВ И ЛЕСБИЯНОК

Элизабет Хилл, профессор психологии из Университета Детройта, и ее коллега Уильям Янковяк предложили гетеросексуальным и гомосексуальным мужчинам и женщинам оценить физическую привлекательность людей, изображенных на снимках. Выяснилось, что и гомосексуальные, и гетеросексуальные мужчины одинаково отдают предпочтение молодости и физической красоте. Гетеросексуальные и гомосексуальные женщины не обратили внимание на молодость. Анализируя объявления о поиске партнеров, Хилл и Янковяк выяснили, что гетеросексуальные мужчины и женщины и гомосексуальные мужчины одинаково стремятся получить фотографию потенциального партнера. Такая просьба содержалась в каждом третьем объявлении, тогда как среди лесбиянок увидеть фотографию захотела лишь каждая восьмая. Трое из четырех гомосексуальных и гетеросексуальных мужчин упоминали физические качества — вес, рост, цвет глаз и телосложение. О том же писала каждая пятая гетеросексуальная и лишь каждая четырнадцатая гомосексуальная женщина.

Блумштейн и Шварц изучили 12 тысяч пар, в том числе 969 чисто мужских и 788 чисто женских. Ученые обнаружили, что та же ситуация наблюдается и в постоянных отношениях. 57% гомосексуальных и 59% гетеросексуальных мужчин сказали, что для них важно, чтобы партнер или партнерша выглядели сексуально. Сексуальная внешность была важна для 35% лесбиянок и 31% гетеросексуальных женщин. Отсюда можно сделать вывод о том, что предпочтения гетеро- и гомосексуальных мужчин практически одинаковы. Единственное различие — это пол партнера.

КАК ПРАВИТЕЛЬСТВО ОКАЗЫВАЕТ ЖЕНЩИНАМ ПОДДЕРЖКУ

Целомудрие и верность женщины непосредственно связаны с ее зависимостью от средств, имеющихся у мужчины. В странах, где правительство реализует серьезные программы поддержки брошенных женщин, например, в Великобритании, Австралии и Швеции, женщины меньше зависят от мужчин, потому что роль мужа, то есть добытчика средств, берет на себя правительство. И это одна из причин того, что в благополучных в материальном отношении странах так распространены добрачные и внебрачные связи. В странах же, где социальное обеспечение находится на низком уровне, таких как Китай или Индия, внебрачные связи распространены гораздо меньше. В этих странах основными добытчиками средств являются мужчины, и женщины не хотят их терять.

Эндрю обратился в службу социального обеспечения, чтобы оформить пенсию. Женщина за стойкой попросила его предъявить водительские права, чтобы подтвердить возраст, но мужчина оставил бумажник дома. Он сказал, что сходит домой и зайдет попозже.

«Расстегните рубашку», — сказала женщина.

Эндрю расстегнул рубашку и продемонстрировал грудь, заросшую седыми волосами.

«Седые волосы на вашей груди — достаточное доказательство», — сказала женщина и заполнила все необходимые документы.

Эндрю вернулся домой и обо всем рассказал жене.

«Тебе нужно было спустить брюки, — сказала жена. — Тогда ты получил бы еще и инвалидность».

РЕЗЮМЕ

Практически каждое исследование, проведенное за последние 60 лет, доказывает то, что художники, писатели и поэты утверждали в течение последних 6 тысяч лет. Внешность и фигура женщины гораздо более привлекательны для мужчин, чем ее ум и другие достоинства. И это справедливо даже для нашего, абсолютно политкорректного времени. Мужчины XXI века ищут в женщинах то же самое, что искали их далекие предки, — способность успешно сохранить их гены и готовность заботиться о самих мужчинах и их потомстве. Однако при поиске партнерши на длительный срок мужчины выбирают тех, кто является сильной личностью, а также обладает чувством юмора, умом и добротой.

К сожалению, в течение недели средний мужчина видит в газетах и журналах, на рекламных щитах и по телевизору более 500 образов «идеальных» женщин. Большая часть этих образов создана с помощью макияжа, искусственного освещения и компьютерных технологий. На подобных снимках вы вряд ли увидите реальные лица и фигуры женщин.

Чего на самом деле хотят женщины:
чтобы их любили, обожали, уважали,
чтобы им доверяли, в них нуждались, о них заботились,
чтобы их хвалили, обнимали, ласкали, поддерживали,
чтобы им говорили комплименты,
чтобы их очаровывали, защищали,
чтобы им поклонялись.

Чего на самом деле хотят мужчины:
получить билет на финальный матч.

А когда дело доходит до секса, чего же в действительности хотят мужчины? Ответ очень прост: всего. Они хотят секса в любое время, в любом месте и почти в любых условиях. Женщина может найти партнера для секса когда угодно. Мужчина развивался как охотник. Он должен бороться за секс и соперничать с другими мужчинами. Мужчиной руководит высшая цель — распространить свои гены, оплодотворив как можно большее количество женщин. Вот почему мужчины всегда пользуются любой возможностью заняться сексом. Современной женщине необходим повод для секса. Современному мужчине нужно только место. А теперь давайте поговорим о том, чего мужчины и женщины хотят от случайного секса и секса на одну ночь.

✴ Хотя мужчины могут этого и не осознавать, им нужны женщины, которые могут оказать им услуги — сексуальные, хозяйственные, кулинарные и т.п.

✴ Мужчины реагируют на визуальные сигналы. Нравится вам это или нет, но внешность женщины очень важна для мужчины.

* Подобно своим предкам, современные мужчины ищут женщин молодых, здоровых и плодовитых. Они реагируют на сигналы того, что женщина способна сохранить и передать их гены.

* Больше всего мужчин раздражают женщины, которые не уверены в собственной привлекательности.

Глава 5

ТРЕБУЕТСЯ: СЕРЬЕЗНЫЕ ОТНОШЕНИЯ НА ОДНУ НОЧЬ — СЛУЧАЙНЫЙ СЕКС

Воскресенье, 7.00 утра

Суббота 23.30, соседний бар
(переверните рисунок вверх ногами)

Представьте себе такую сцену. Вы идете по улице, к вам подходит симпатичный незнакомец (или незнакомка) и спрашивает, не хотите ли вы заняться с ним сексом в стоящем на соседней парковке мини-автобусе. Если вы относитесь к 99,2% женщин, то сразу же откажетесь. Но если вы относитесь к 75% мужчин, то обязательно согласитесь. В этой главе мы с вами поговорим о том, почему люди соглашаются на случайный секс и на секс на одну ночь.

В 1982 году, незадолго до кризиса, связанного с появлением СПИДа, доктора Кларк и Хатфилд провели эксперимент в кампусе американского колледжа. Симпатичные представители противоположного пола подходили к студентам, говорили, что те им нравятся, а потом задавали один из трех вопросов:

Не хочешь ли сходить со мной куда-нибудь?
Не хочешь ли зайти ко мне?
Не хочешь ли заняться со мной сексом?

76% юношей согласились заняться сексом с привлекательной девушкой. Почти никто из девушек на подобное предложение не согласился, тогда как половина из них согласились на свидание. В 1989 году доктор Кларк повторил эксперимент, чтобы проверить, как появление СПИДа повлияло на готовность людей заняться случайным сексом. Оказалось, что готовность мужчин к случайному сексу с абсолютно незнакомой женщиной осталась на прежнем уровне. Женщины также по-прежнему не соглашались на секс, хотя половина из них все же были готовы к свиданию.

Можно предположить, что эти женщины были уроженками Флориды периода пика сексуальной революции и потому без предубеждения относились к случайному сексу. Однако совершеннейший незнакомец, как бы хорошо он ни выглядел, не отвечает основным критериям, по которым женщины выбирают себе партнеров. Исследование показало, что для большинства мужчин абсолютно незнакомая женщина полностью удовлетворяет критериям выбора случайной партнерши — 76% мужчин соглашаются на приглашение симпатичной женщины, которую они раньше никогда не видели. Подобный поступок вполне согласуется со списком критериев, которыми мужчины руководствуются при выборе партнерши для краткосрочных отношений. Красивая внешность и готовность к сексу немедленно вызывают у мужчины выброс гормонов.

Тот же самый эксперимент не раз повторялся после 1989 года, но результаты оставались прежними. Чем симпатичнее был мужчина, делавший предложение, тем охотнее девушки соглашались на свидание, но до секса дело по-прежнему не доходило. Чем симпатичнее была девушка, которая делала предложение мужчинам, тем охотнее они соглашались заняться с ней сексом. Если женщин неожиданное предложение обычно удивляло, поражало и даже оскорбляло, то мужчинам оно льстило и казалось совершенно естественным.

В ходе другого эксперимента 99 студентов американского университета анонимно отвечали на вопросы анкеты, призванной выяснить их отношение к сексуальной близости. Выяснилось, что мужчины с гораздо большей готовностью, чем женщины, соглашаются на то, чтобы:

1. Заняться сексом с человеком, которого они знают всего три часа.
2. Заняться сексом с двумя разными партнерами в течение шести часов.
3. Заняться сексом с нелюбимым человеком.
4. Заняться сексом с человеком, отношения с которым нельзя назвать хорошими.

Это исследование показывает, что мгновенные реакции человека на сексуальные возможности за последнюю тысячу лет практически не изменились.

··

*Кинси выяснил, что 69%
американских мужчин пользуются
услугами проституток, причем 15%
этих мужчин делают это постоянно.
Подобными услугами пользуются
менее 1% американских женщин.*

··

ЧТО ТАКОЕ СЛУЧАЙНЫЙ СЕКС

Существует множество разных определений случайного секса, и вы наверняка их знаете. Называйте это как хотите, но речь всегда идет о сексуальных отношениях с посторонними людьми. Впрочем, люди могут регулярно заниматься случайным сексом по соглашению.

Судя по всему, случайным сексом занимаются те, кто хочет получить исключительно физическое, а не эмоциональное удовлетворение. Большинство людей считает, что случайному сексу недостает эмоциональных связей, возникающих в серьезных отношениях. Секс без каких-либо обязательств или уз выглядит весьма привлекательно для мужчин, но, как выясняется, абсолютно неприемлем для женщин. Поведение современных женщин создает иллюзию того, что их мотивы случайного секса аналогичны мужским, но это не так. Женщина готова заняться случайным сексом для физического удовлетворения лишь тогда, когда уровень тестостерона в ее организме выше нормы (а это характерно менее чем для 20% женщин) или когда у нее овуляция, и ее тело само ищет самца с наилучшими генами. Но даже в таких обстоятельствах у женщины все равно остаются базовые критерии по подбору партнера для случайного секса. Чтобы желать исключительно физического секса, у женщины должен быть очень высок уровень тестостерона, а такое случается крайне редко. Для мужчин же это норма. Мотивы женщин гораздо глубже. Мы поговорим об этих мотивах подробнее чуть позже.

В 2008 году доктор Дэвид Шмитт из Университета Брэдли в Иллинойсе опросил 14 тысяч человек в 48 странах об их отношении к случайному сексу. Участников спрашивали о том, сколько сексуальных партнеров у них будет в следующие пять лет. В результате ученым удалось вывести индекс «социосексуальности» — оценить, насколько сексуально либеральны люди в мыслях и поведении. Представители африканских племен в опросе не участвовали, хотя они считаются самыми сексуально раскрепощенными людьми в мире. По количеству случайных связей на одну ночь, количеству партнеров и общему отношению к сексу первое место заняла Финляндия, а следом за ней расположилась Швеция.

Среди стран с населением более 10 миллионов человек первое место по свободному отношению к случайному сексу заняла Великобритания (она же лидировала по количеству заболеваний, передающихся половым путем). Судя по всему, это связано со снижением роли религии, движением за равноправие женщин и зарождением культуры, буквально одержимой сексом. В результате моральный маятник Великобритании по сравнению с Викторианской эпохой качнулся в противоположную сторону.

**Самые либеральные по отношению
к случайному сексу страны
(по данным Организации по экономическому
сотрудничеству и развитию (OECD) на 2008 год)**

1. Великобритания
2. Германия
3. Нидерланды
4. Чехия
5. Австралия
6. США
7. Франция
8. Турция
9. Мексика
10. Канада
11. Италия
12. Польша
13. Испания
14. Греция
15. Португалия

ОПРЕДЕЛЕНИЕ СЕКСУАЛЬНЫХ ОТНОШЕНИЙ

Когда мы задумываемся над тем, что такое сексуальные отношения и совершил ли партнер предательство по отношению к нам, то выясняется, что мужчины и женщины воспринимают это словосочетание по-разному. Мы проанализировали шесть исследований в этой области и попытались определить, что же такое сексуальные отношения. Особенно остро этот вопрос встал, когда президент США Билл Клинтон сделал свое знаменитое заявление относительно Моники Левински: «У меня не было сексуальных отношений с этой женщиной». Юридически говоря, он был прав, поскольку оральный секс с точки зрения закона не классифицируется как сексуальные отношения. Но для всех нас его отношения с Моникой явно были сексуальными. Вот мужское и женское определения сексуальных отношений.

Мужское определение: *любые физические сексуальные действия, в том числе оральный и любой другой секс.*

Женское определение: *любые сексуальные, физические или эмоциональные действия по отношению к человеку, с которым существует связь.*

С мужской точки зрения, «сексуальные отношения» — это все, что связано с физическими действиями, от интимных ласк до полноценного секса. Для женщины же это физические и нефизические действия по отношению к партнеру, с которым у нее сложилась эмоциональная связь. Сюда относится все: от прелюдии, сексуальных прикосновений и чувственных танцев до тайных встреч за чашечкой кофе или обедом, интимных электронных писем или общения в Интернете. При этом реального секса может и не быть. Все исследования пока-

Аллан и Барбара Пиз

зывают, что мужчины под сексуальной близостью понимают физические сексуальные действия, тогда как женщины рассматривают это понятие в эмоциональном смысле. И это подтверждает все то, о чем мы говорили выше: для мужчин секс — это секс, а для женщин — выражение любви.

Почти все исследователи утверждают, что мужчины более склонны к сексу без эмоций или чувств. В 1990 году антропологи Джон Таунсенд и Гэри Леви из Университета Сиракуз изучили данные опроса 382 респондентов и установили, что мужчины принимают решение о том, заняться ли им сексом, на основе одной только физической привлекательности партнерши. Женщины же, принимая аналогичное решение, учитывают различные факторы, в том числе симпатию, готовность мужчины к определенным обязательствам и наличие у него средств: «Любит ли он меня?», «Хочет ли продолжать наши отношения?», «Есть ли у него другая женщина?» и «Есть ли у него деньги или потенциальная возможность их получить?»

В ходе другого исследования социобиологи Эллис и Саймонс обнаружили, что чем моложе женщина, тем с большей готовностью она соглашается на секс с мужчиной, если он обладает потенциалом и интересом к детям, которые у женщины уже есть или могут родиться. Женщины постарше меньше интересуются готовностью мужчины обеспечивать детей, но наличие средств по-прежнему остается для них основным критерием для принятия решения о том, стоит ли заниматься сексом с этим мужчиной.

На решение женщины влияет также и продолжительность знакомства. Например, исследования показывают, что большинство женщин считают допустимым секс с привлекательным мужчиной, которого они знают не меньше пяти лет. А вот если знакомство длилось всего полгода, то решение будет совершенно другим. Для мужчин же этот фактор не имеет значения. Знаком ли он с женщиной пять лет или пять минут, мужчина всегда готов лечь с ней в постель.

ПОЧЕМУ У НАС БЫВАЕТ СЛУЧАЙНЫЙ СЕКС

Недостатки случайного секса для мужчин очевидны: относительно мужчины может сложиться плохая репутация, он может подцепить нехорошую болезнь, его может избить ревнивый муж, он может потерять значительные средства в ходе бракоразводного процесса, ему придется выплачивать алименты детям, отцом которых может оказаться вовсе не он. Женщины же могут прослыть легкомысленными особами, а то и шлюхами. Подобная репутация привлекательна для мужчин, которым нужна сексуальная партнерша на короткое время, но совершенно неприемлема для его жены или постоянной партнерши. Случайный секс повышает риск стать матерью-одиночкой, снижает «рыночную ценность» женщины и порождает массу трудностей, в том числе пренебрежение со стороны мужчины и невозможность овладения его средствами.

Преимущества случайного секса для мужчин тоже очевидны, особенно с эволюционной точки зрения. Чтобы распространить свои гены, мужчина должен заниматься сексом с множеством привлекательных женщин. Это не означает, что мужчины именно так и поступают, но они *хотят* так поступать. Если у мужчины 50 подружек, то каждый год у него может рождаться 50 и даже больше детей, а это весьма полезно для выживания человеческого рода. Если у женщины будет 50 приятелей, с эволюционной точки зрения это не имеет смысла. Она все равно не сможет в течение одного года родить 50 детей. Следовательно, наши предки занимались случайным сексом по другим причинам. Поведение современных женщин вызывает иллюзию того, что женщины стремятся к случайному сексу по тем же причинам, что и мужчины. Такие женщины пьют, ведут себя агрессивно, ругаются, подцепляют мужчин и занимаются с ними сексом без любви. Их действия выглядят точно так же, как и мужские, но они продиктованы *совершенно* другими мотивами.

Вот четыре основные причины, по которым женщины, в прошлом и настоящем, занимаются случайным сексом:

1. Секс повышает самооценку.

2. Секс позволяет оценить потенциал мужчины для длительных отношений.

3. Секс позволяет получить материальную выгоду.

4. Секс позволяет найти хороший генетический материал.

1. Повышение самооценки

Случайный секс и романы позволяют женщине проверить свою «рыночную ценность» и понять, насколько она желанна и востребована как партнерша. В прежние времена эта информация была крайне ценна, поскольку если женщина ценила себя слишком низко, то получала менее обеспеченного партнера, чем могла бы получить. Если же она себя переоценивала, то сначала могла привлечь выгодного партнера, но когда тот осознавал ее истинную ценность, то бросал ее ради более «ценной» женщины. Женщины, которых часто обманывают постоянные партнеры, используют случайный секс для повышения самооценки и восстановления своего «брачного рейтинга». (Более подробно об этом мы поговорим в главе 7.) Другими словами, эти женщины используют второй шанс. Иногда они делают это просто в отместку.

2. Оценка потенциала мужчины для длительных отношений

Случайный секс позволяет женщине оценить потенциал мужчины для длительных отношений или брака. Современные женщины, выбирающие случайный секс, не подвергаются социальному остракизму, как в прошлом. Случайная связь дает женщине время, чтобы проверить партнера на привлекательность, совместимость, обеспеченность, щедрость и готовность к обязательствам. Другими словами, она ставит ему термометр и измеряет температуру. В отличие от мужчин, женщины даже перед случайной связью интересуются существующими в жизни мужчины личными отношениями и количеством его партнерш, и делают они это для проверки его брачного потенциала. Мужчины считают существующие постоянные отношения женщины фактором позитивным, поскольку такая женщина не будет требовать от случайного партнера обязательств.

3. Получение выгоды

В обществах охотников-собирателей, которые все еще существуют в Амазонии, на Борнео и в Африке, в полной мере реализуется следующий принцип. Женщины здесь за случайный секс требуют подарков — пищу, украшения, безделушки, ракушки, табак, — другими словами, им нужны ценные материальные ресурсы. Дэвид Басс выяснил, что, вступая в случайные сексуальные отношения, женщины всегда требуют от мужчин подарков, денег, щедрости и экстравагантного образа жизни. Если же они хотят вступить в брак, то их материальные требования оказываются значительно ниже. От потенциального мужа в первую очередь требуются доброта, внимание, сочувствие и понимание.

В древних обществах и современных племенах предложение случайного секса со стороны свободной женщины могло подразумевать также ее просьбу о защите от других мужчин. В племенных обществах, где пища делится на всех, женщины чаще стремятся к случайным отношениям, потому что группа может обеспечить их необходимыми ресурсами. В развитых обществах, например, в Швеции, где правительство обеспечивает женщин через систему социального обеспечения, многие пары предпочитают жить вне брака, и оба партнера более склонны к случайным связям, чем в других европейских странах, где уровень соцобеспечения значительно ниже.

4. Поиск лучших генов

Возможная четвертая причина, подталкивающая женщину к случайной связи, заключается в поиске лучших генов для потомства. Да, женщине важно найти мужчину, который щедро делился бы с ней средствами, но еще важнее для нее хорошее генетическое наследие для детей. Чем лучше будут у ребенка гены, тем более счастливой и богатой окажется его жизнь, тем легче ему будет найти хорошего партнера. Женщине нужен муж, который постоянно заботился бы о ней, защищал ее и обеспечивал. Но в то же время ей нужен мужчина с хорошими генами. Стремление найти мужчину с идеальными генами особенно сильно проявляется в 13—15-й дни менструального цикла, когда происходит овуляция и когда тело женщины буквально требует генов, которые можно было бы передать потомству. То есть весь месяц женщина мечтает о Хью Гранте, но в середине месяца ей ужасно хочется Хью Джекмена.

ЧТО МЫ ЧУВСТВУЕМ ПОСЛЕ СЛУЧАЙНОГО СЕКСА

Большинство мужчин быстро и без проблем забывает о случайном сексе и о подружке на одну ночь. Мужчина хочет распространить свои гены, в нем играет тестостерон, и мужской мозг с легкостью отделяет любовь от секса. Для большинства мужчин случайный секс — это просто секс, и вот эту-то концепцию никак не может охватить мозг женский.

Все опросы и исследования, связанные со случайным сексом, показывают, что мужчины получают от него массу удовольствия и совершенно не терзаются чувством вины. А вот женщины на следующее утро чувствуют себя совсем иначе. Большая их часть говорит об отсутствии удовлетворения, чувстве вины и снижении самооценки. В 2008 году профессор Энн Кэмпбелл из Университета Дарема попросила 1743 мужчин и женщин, у которых был случайный секс, оценить свои позитивные и негативные чувства после этого опыта. Неудивительно, что 80% мужчин испытывали исключительно позитивные чувства, тогда как у женщин этот показатель составил всего 54%. Мужчины также говорили о большом сексуальном удовлетворении, а также о повышении ощущения благополучия и уверенности в себе. Мужчинам хотелось рассказать об этом друзьям, что было совершенно несвойственно женщинам.

Чувством вины сильнее всего терзаются женщины старше 40 лет. Это объясняется религиозностью или тем, что родители привили им поствикторианские ценности.

Женщины этого возраста чаще молодых девушек убеждены в том, что секс — это что-то грязное, отвратительное и постыдное. Исследования показывают, что молодые девушки не терзаются столь сильным чувством вины, как женщины постарше, зато они практически не получают удовлетворения от случайного секса и жалеют о своем поступке.

КАК ОТЦЫ ВЛИЯЮТ НА СВОИХ ДЕТЕЙ

В 1991 году Патриция Дрейпер и Джей Бельски выяснили, что наличие или отсутствие отца в семье, где воспитывается мальчик, является главным фактором, определяющим его сексуальную стратегию во взрослой жизни. Мальчики, выросшие в неполной семье, весьма склонны к случайным связям, тогда как сыновья хороших отцов стремятся стать такими же примерными семьянинами. Девочки, выросшие в неполных семьях, также склонны к случайным связям. Судя по всему, в таких семьях девочки растут с убеждением в том, что вовсе не мужчина является надежным источником средств. Во взрослой жизни они стремятся получить как можно больше средств от разных мужчин, смело вступая в случайные связи.

СКОЛЬКО ПАРТНЕРОВ ВАМ НУЖНО?

Желательное для человека количество партнеров определяется средой, в которой он живет, ее ограничениями и правилами. В некоторых странах случайный секс приветствуется и даже считается проявлением гостеприимства. Такой приятный сюрприз ожидал Кристиана Флетчера и экипаж «Баунти» на тихоокеанских островах в 1789 году. В других же странах, например, на Ближнем Востоке, женщины должны закрывать все свое тело от макушки до пяток, чтобы не вызывать·нежелательного внимания со стороны мужчины. В Индии женщина, имевшая случайную связь, считается позором семьи. Другие члены семьи могут даже убить ее, чтобы смыть бесчестие кровью. А в большинстве европейских стран женщина вольна сама определять количество сексуальных партнеров в ее жизни.

....

«Я считаю, что секс — классная вещь для двоих.
Для пятерых — это уже просто фантастика».

Вуди Аллен

....

Рой Баумейстер, автор книги «Социальная психология и человеческая сексуальность», провел опрос среди не состоящих в браке американских мужчин и женщин в возрасте от 18 до 30 лет. Он спрашивал, сколько партнеров они хотели бы иметь в течение жизни. Мужчины заявили, что хотели бы иметь шесть партнерш в следующем году, а женщины хотели только одного. В течение следующих трех лет мужчины хотели иметь десять партнерш, а женщины двух партнеров. В течение всей жизни мужчин устроили бы восемнадцать партнерш, а женщины ограничились всего четырьмя партнерами.

СЕКСУАЛЬНЫЕ ФАНТАЗИИ И СЛУЧАЙНЫЙ СЕКС

Большинство исследований показывает, что во время секса мужчины фантазируют, по меньшей мере, в два раза чаще, чем женщины. Содержание фантазий отражает существенное различие врожденных реакций мужчины и женщины. Исследователи Эллис и Саймонс выяснили, что 88% мужчин в своих фантазиях представляют совершенно иную партнершу или даже сразу несколько, при этом подобные фантазии посещают лишь 57% женщин. Эллис и Саймонс обнаружили также, что 81% мужчин сосредоточивается на визуальных образах, а не на чувствах, что свойственно лишь 43% женщин. Во время секса мужчины в своих фантазиях представляют различные части женского тела, гладкую, молодую кожу, секс с посторонней женщиной и секс с несколькими партнершами одновременно. Мужские фантазии определяются двумя ключевыми факторами. Во-первых, придуманная женщина отличается страстностью и готовностью к сексу. Во-вторых, придуманный сценарий всегда лишен эмоций, обязательств и продолжительной прелюдии. Это идеальный мужской рецепт случайного секса.

«Секс без любви — бессмысленное занятие, но, как и большинство бессмысленных занятий, он очень приятен».

Вуди Аллен

Женские фантазии во время секса связаны с эмоциями и личностью воображаемого партнера (57%). Обычно они представляют кого-то знакомого, ранее виденного или того, в кого они втайне влюблены. Очень редко женщины представляют себе секс с незнакомцами, хотя наиболее распространенная женская фантазия — секс с несколькими мужчинами, похожими на Джеймса Бонда. Однако подобная фантазия связана с проблемой власти — женщина в ней управляет мужчинами, пользуясь своей женственностью. Как мы уже говорили, для большинства мужчин секс — это секс, а любовь — это любовь, и лишь иногда эти понятия сочетаются.

Сексуальное равенство проявляется лишь в фантазиях, которые посещают мужчин и женщин во сне. Доктор Антонио Садра из лаборатории снов и кошмаров в Монреале изучил более 3500 рассказов о снах и выяснил, что сексуальные сны и у мужчин, и у женщин составляют лишь 8%. Самый распространенный тип подобного сна — это занятие сексом, сексуальные игры, поцелуи и фантазии. В 4% сексуальных снов мужчины и женщины испытывают оргазм. В 20% женских сексуальных снов присутствуют настоящие и бывшие партнеры, а также известные люди и кинозвезды — то есть мужчины, располагающие средствами. Знаменитые женщины присутствуют лишь в 14% мужских снов, тогда как секс с несколькими партнершами одновременно снится мужчинам вдвое чаще.

> «Женщины влюбляются в докторов,
> как мужчины — в фотомоделей.
> Женщине нужен мужчина, который
> знает ее тело; мужчина просто хочет
> получить тело».
>
> *Зейнфельд*

Однако для большинства женщин секс и любовь связаны неразрывно — и это проявляется даже в фантазиях.

КАК СМОТРЯТ НА ЭТО МУЖЧИНЫ И ЖЕНЩИНЫ НЕТРАДИЦИОННОЙ ОРИЕНТАЦИИ

Дональд Саймонс провел опрос среди гомосексуалистов и выявил довольно интересную связь с предпочтениями гетеросексуалов. Саймонс выяснил, что сексуальность одиноких геев не подавляется требованиями, предъявляемыми гетеросексуальными женщинами к гетеросексуальным мужчинам. То есть речь не идет об обязательствах, влюбленности и романтике. Другими словами, поскольку одинокие геи не предъявляют друг другу подобных требований, они спокойно занимаются сексом жестко, быстро и часто, с любым желаемым количеством новых партнеров. Гетеросексуальным мужчинам этого тоже хотелось бы, но гетеросексуальные женщины им этого не позволяют. Однако если геи вступают в «брак», то партнеры предъявляют друг другу те же требования верности, что и в обычных семьях.

Саймонс также выяснил, что лесбиянки относятся к постоянным отношениям точно так же, как гетеросексуалки, и требуют от своих партнерш тех же обязательств и верности, что и в обычных браках. В ходе знаменитого исследования сексуального поведения человека Альфред Кинси выяснил, что у 94% геев было более 15 партнеров, а почти половина из них имела более 500 сексуальных партнеров — чаще всего такими партнерами были посторонние мужчины, встреченные в барах, туалетах, гей-клубах и банях. И лишь 15% лесбиянок заявило о столь значительном количестве сексуальных партнерш. Женщины предпочитают интимные, долгие отношения с определенными обязательствами вне зависимости от своей ориентации. Мы не хотим сказать, что геи не могут и не хотят вступать в прочные, длительные отношения. Многие из них так и делают. Просто геи не чувствуют на себе столь сильных ограничений, как мужчины обычной ориентации.

РЕЗЮМЕ

Главная причина, по которой мужчины вступают в случайные связи, — это поиск сексуального разнообразия. Мужчины делают это, когда подобные отношения не связаны с высоким риском. Мужчины всегда готовы использовать открывшуюся возможность и редко планируют секс с незнакомкой. Все исследования показывают, что в большинстве стран мужчины вдвое чаще женщин позволяют себе случайные связи или романы на стороне. Основные причины, по которым в случайные связи вступают женщины, — это недостаток любви и связанное с этим снижение самооценки, желание проверить потенциал мужчины для будущих отношений и оценка возможности получения чего-либо от мужчины.

Когда сексуальные мотивы человека исследуются холодно и беспристрастно, то результат часто вступает в противоречие с соблазнительными романтическими образами, создаваемыми авторами любовных романов, статьями в женских журналах и фильмами. Всех женщин смущает и огорчает та легкость, с какой мужчины вступают в сексуальные отношения с малознакомыми и даже не нравящимися им женщинами. Мужчины же должны понимать, что женщины используют секс для получения определенных преимуществ и всегда ищут лучшее предложение — особенно если «брачный рейтинг» партнера начал понижаться.

Случайный секс связан с функционированием части мозга, отвечающей за первобытные инстинкты, и с изменением гормонального уровня. Если случайный секс переходит в стадию романтической любви, то это уже можно назвать романом, и об этом мы поговорим в следующей главе.

* Мужчины и женщины относятся к случайному сексу совершенно по-разному.
* Мужчина стремится к распространению своих генов, поэтому для него секс может быть только сексом. Вот почему мужчины гораздо чаще женщин вступают в сексуальные отношения на одну ночь.
* Женщины практически не умеют отделять секс от любви.

Глава 6

У ТЕБЯ ИЛИ У МЕНЯ?
РОМАНЫ И ИЗМЕНЫ

Колин и Джилл поженились пять лет назад. Во время медового месяца они считали свою сексуальную жизнь «абсолютно невероятной» и занимались сексом «словно кролики». Когда Джилл была на шестом месяце беременности, ситуация начала меняться к худшему. Ей казалось, что она стала толстой, неуклюжей и нежеланной. Поэтому она начала уклоняться от секса. Джилл постоянно твердила Колину, что у нее болит голова, что лучше отложить секс до завтра и т.п. Она хотела поговорить с мужем о своих чувствах и эмоциях, а Колину казалось, что ей хочется побыть одной. Мужской мозг просто не в состоянии понять того значения, какое женщина придает возможности выговориться и быть выслушанной. Джилл стало казаться, что Колину

Аллан и Барбара Пиз

нет до нее дела, что она важна для него лишь как сексуальный объект. Колин тоже стал считать себя отвергнутым. Огорчение и отсутствие секса начало перерастать в обиду — он больше не чувствовал себя мужчиной. Повышенную эмоциональность жены он стал воспринимать как агрессию, направленную на себя лично, а Джилл расценивала злость мужа как лишнее доказательство собственной непривлекательности.

После рождения ребенка ситуация стала еще хуже. Джилл была постоянно занята с младенцем, и Колину стало казаться, что она наказывает его и сознательно ставит на второе место, а самое важное для нее — это ребенок. Через какое-то время его настроение настолько ухудшилось, что он стал думать о том, что даже собака в доме и та важнее его. У него начался роман с коллегой по работе, и Джилл бросила его. Сейчас Джилл живет одна с ребенком, а Колину приходится работать изо всех сил, чтобы и содержать бывшую семью, и строить новую жизнь.

Мысль о том, что у партнера есть роман на стороне, является одной из самых мучительных и неприятных для людей, состоящих в длительных отношениях, однако лишь немногие понимают причины, по которым возникают такие романы. История Колина и Джилл — типичный порочный круг, в который попадают многие пары. Колин не понимает, что женщина для занятий сексом должна находиться в соответствующем настроении. Она хочет, чтобы муж поговорил с ней о чувствах и эмоциях, внимательно выслушал и нежно погладил по плечу. Все это абсолютно недоступно пониманию мужчины. Проблемы Джилл усиливаются из-за гормональной перестройки в ее организме и изменения внешности. Она думает, что выглядит толстой и некрасивой. Джилл не понимает, что для мужчин секс — это способ эмоционального самовыражения. Мужской мозг совершенно спокойно отделяет секс от любви. Два этих понятия могут существовать в нем отдельно, а могут и совпадать. Джилл обвиняет Колина в том, что он не проявляет по отношению к ней чуткости и заботы. Он упрекает ее в том, что она фригидна и использует секс для манипулирования. Очень скоро подобное поведение становится привычным. Муж ожидает, что его предложение секса не будет принято. Жена заранее считает мужа грубым и нечутким. На самом деле муж чувствует себя отвергнутым и одиноким, а жена теряет уверенность в себе и начинает ощущать себя непривлекательной. У нее развивается страх перед сексом, она начинает избегать мужа. В нем развивается боязнь отказа, поэтому он перестает предлагать секс. Оба партнера не понимают друг друга, и вполне гармоничные вначале отношения рушатся.

ЧТО ТАКОЕ РОМАН?

В этой главе мы будем использовать слово «брак» для обозначения любых отношений, в которых партнеры согласны хранить верность друг другу. Технически выражаясь, они перешли от страсти к романтической влюбленности или длительным отношениям, то есть химические процессы в их мозгах изменились.

Случайный секс связан со страстью. Как уже говорилось в главе 1, страсть активизирует две части мозга — гипоталамус (источник первобытных реакций) и мозжечковую миндалину (возбуждение). Страсть вызывает выброс допамина и выработку тестостерона, из-за чего происходит сексуальное возбуждение. Когда случайный секс (страсть) переходит на следующий уровень (романтическая любовь), то начинается «роман». В женском мозгу активизируется хвостатое ядро, повышается уровень тестостерона и усиливается сексуальное желание.

У мужчин активизируются другие участки мозга, в том числе участок коры, связанный с визуальным восприятием. В мужском организме повышается уровень окситоцина, что делает мужчину нежным и ласковым. Эти временные химические реакции создают у партнеров иллюзию идеальной совместимости. Основное различие между мужчинами и женщинами заключается в том, что мужчины обычно дольше, чем женщины, задерживаются на стадии страсти, то есть когда он все еще думает о сексе, она уже перешла на следующий этап.

Когда мужчин просят дать определение романа, они говорят о продолжительном сексе с эмоциональной подоплекой или без нее. Точно так же они определяют и случайный секс. Для мужчин роман — это *физическая* связь, а эмоциональная составляющая для них необязательна.

Для женщин же роман — это эмоциональное событие, которое может подразумевать физический секс или нет. Под эмоциональным романом женщины понимают телефонные разговоры, любовные письма, совместные обеды и т.п. Эмоциональный роман — это отношения с новым партнером, которые подразумевают близость, эмоциональную связь и в перспективе брак. Неверный партнер проводит с другим представителем противоположного (или того же) пола слишком много времени. Это время, эмоциональную энергию и любовь он отбирает у верного партнера. Изменивший партнер придает своему новому «другу» значения больше, чем постоянному партнеру, может делиться с ним более интимными эмоциями и чувствами. Такой тип отношений вначале может не быть связан с физической близостью, но почти неизбежно приводит к ней. Однако большинство женщин с самого начала воспринимают эти отношения как роман. Секс только усиливает боль, поскольку доказывает глубину эмоциональной связи.

Большинство мужчин считают, что,
пока дело не дошло до секса
с другой женщиной, ничего плохого
они не совершили.

ПРИСТРАСТИЕ К ОБМАНУ

Исследование, проведенное в 2006 году, показало, что неверность является основной причиной разводов в 150 странах мира. Никто точно не знает, сколько людей изменяют своим партнерам, потому что если они лгут в браке, то почему бы им не солгать и ученым. В 2007 году ученые университетов Колорадо и Техаса опросили 4884 замужних женщин лично и с помощью анонимной компьютерной анкеты. В личном разговоре в неверности признался только один процент женщин, тогда как, отвечая на вопросы компьютерной анкеты, в том же признались более 6% женщин.

Более убедительные данные о неверности дает социологический опрос, проведенный Национальным научным фондом Университета Чикаго. Этот фонд изучает мнения и социальное поведение американцев с 1972 года. Данные исследования показали, что каждый год около 19% людей, состоящих в браке — 12% мужчин и 7% женщин, — признаются, что имели сексуальные отношения вне брака. В большинстве западных и европейских стран 50—60% мужчин хотя бы раз изменяли женам, а в таких странах, как Франция и Швеция, этот показатель достигает 70—80%. Около 40% внебрачных связей становятся явными, остальные удается успешно скрывать. Около 40% замужних женщин также изменяют своим мужьям, причем их романы открываются лишь в 15% случаев. Единственная страна мира, где женщины превзошли мужчин по количеству измен, это Франция, где 87% женщин признались, что имели отношения сразу с двумя мужчинами либо в прошлом, либо в настоящем.

Количество неверных партнеров растет во всех возрастных группах — с 1998-го по 2008 год в США уровень неверности среди мужчин старше 60 лет вырос на 20%, а среди женщин — на 15%. Так почему даже люди старшего поколения начинают изменять друг другу, чего никогда не было раньше? Тому есть две причины. Во-первых, к этой группе относится поколение «беби-бума», то есть люди, которые отвергли викторианское отношение к сексу и которые не хотят стареть. Для них 60 лет — это все равно что 45. Во-вторых, у людей старшего возраста есть то, чего не было у предыдущих поколений: виагра, гормоно-заместительная терапия и средства для лечения эректильной дисфункции. Те, кому сейчас от 40 до 60 лет, — это последнее поколение «беби-бума». Они, и в особенности женщины, оставили предубеждения и ограничения, связанные с сексом, в далеком прошлом.

Процент неверных партнеров нарастает и в возрастной группе старше 40 лет, что объясняется широким распространением порно в Интернете. Интернет изменил восприятие «нормального» сексуального поведения. То, что прошлым поколениям казалось извращением, теперь считается абсолютной нормой. В 2002 году психологи Раймонд Бергнер и Ана Бриждес доказали, что порно в Интернете оказывает резко негативное влияние на постоянные отношения. Они выяснили, что электронная порнография усиливает эмоциональную отдаленность партнеров друг от друга. Сексуальные отношения в сети столь же губительны для личных отношений, как и реальная сексуальная неверность.

....

«Я так подавлен. Врач отказался
выписать мне виагру. Он сказал, что
это будет все равно что установить
новый флагшток на руинах».

Джордж Барнс

....

Доктор Дэвид Шмитт из Университета Брэдли, штат Иллинойс, собрал данные о сексуальных привычках мужчин и женщин из 48 стран мира. Он обнаружил, что в возрасте около тридцати лет любовный пыл мужчины достигает своего максимума. В это время уровень тестостерона в его организме находится на пике, а потом начинает постепенно снижаться. Женская же сексуальность нарастает после тридцати лет, когда биологические часы начинают тикать особенно громко, а репродуктивная способность снижается. Женщины достигают пика сексуальности к 35—40 годам, когда у них повышается уровень тестостерона. Так мать-природа подталкивает их к размножению, пока не стало слишком поздно.

Анализируя результаты подобных опросов, можно

сказать, что около половины мужчин и около трети женщин хотя бы раз, но изменяли своим партнерам. Уровень неверности в постоянных парах чрезвычайно высок. Но важно помнить, что та же статистика показывает, что большинство людей все же хранит верность своим партнерам.

Отец шестерых детей так гордился собой, что начал называть жену «матушкой шестерых», хотя ей это совсем не нравилось. Как-то вечером в ресторане он довольно громко спросил: «Не пора ли домой, матушка шестерых?» Разъяренная супруга рявкнула: «Когда тебе угодно, папаша четверых!»

ПОЧЕМУ СЛУЧАЮТСЯ РОМАНЫ НА СТОРОНЕ

Опрос среди клиентов адвокатов, занимающихся бракоразводными процессами, проведенный в Великобритании в 2008 году, выявил десять основных причин, по которым мужчины изменяют своим женам.

1. Страсть.
2. Жена/партнерша теряет привлекательность.
3. Сексуальные проблемы — хочется больше секса или больше разнообразия.
4. Жена слишком поглощена семейной жизнью и детьми.
5. Агрессивное соблазнение со стороны другой женщины.
6. Отсутствие агрессивного соблазнения со стороны партнерши.
7. Возбуждение от «охоты» за другой женщиной.
8. Нудный характер жены или партнерши.

9. Невозможность обсудить с партнершей свои проблемы.

10. Мужское самоутверждение — новый роман всегда поднимает самооценку.

А вот большинство женщин в романах на стороне ищет чего-то большего. Они хотят стать кем-то другим, а не просто женой, матерью, дочерью или сотрудницей. Им хочется быть рядом с человеком, который не требует отнести свой костюм в химчистку, приготовить бутерброды или погладить рубашку. Даже женщины, которые сделали успешную карьеру и которых уважают на работе, часто чувствуют себя недооцененными и даже нелюбимыми в собственном доме.

Для некоторых женщин роман — это просто способ заставить мужчину встряхнуться и обратить на них внимание, напомнить ему о прежней любви, о том, что женщина — не просто домохозяйка. А порой женский роман становится местью за мужскую измену. Кроме того, женщины стремятся утвердить собственное эго. Им хочется почувствовать себя любимыми и желанными настолько, чтобы мужчины готовы были рискнуть ради них, не жалели времени на прелюдии и любовные игры и т.п. Для женщин в романе главное не секс, а эмоциональное удовлетворение.

«Мужчины дополняют брак внебрачным сексом; женщины дополняют брак внебрачным эмоциональным удовлетворением, которое включает в себя и секс тоже».
Дебби Зен «Женщины, которые остаются с мужчинами, которые им изменяют»

Вот десять типичных женских ответов на вопрос, почему они решили завести роман на стороне:

1. **Одиночество** (самая распространенная среди домохозяек проблема).
2. **Невозможность** обсудить свои проблемы с партнером.
3. **Ощущение** себя нежеланной.
4. **Отсутствие** любви со стороны мужа.
5. **Муж** слишком поглощен собой и редко бывает дома.
6. **Отсутствие** романтики в постели.
7. **Стремление** скрыться от повседневной рутины.
8. **Желание** в личной жизни почувствовать себя столь же сильной, как и на работе.
9. **Скука**
10. **Возможность**, подвернувшаяся в нужный момент.

ЭТО МОЖЕТ ПРОИЗОЙТИ С КАЖДЫМ

Всем нам известны истории знаменитых и богатых людей, которые рискнули всем, что у них было, ради скоротечной и чаще всего бессмысленной связи. Вспомните Хью Гранта, любимого многими актера, у которого были отношения с одной из самых желанных женщин в мире, Элизабет Херли. Он рискнул ими ради случайного секса с проституткой в машине в грязном переулке. А что сказать о знаменитом теннисисте, которого поймали в чулане лондонского японского ресторана с официанткой?

Мир онемел от изумления, когда Билл Клинтон, человек, от которого зависели судьбы мира, решил соблазнить Монику Левински, самую обычную девушку. Почему мужчина, у которого было все, оказался настолько глуп, чтобы рискнуть вызвать гнев американского народа? А вот самые знаменитые женщины, имевшие много любовников, — это классические одинокие души, искавшие своего единственного, но так и не нашедшие его. Вспомните Мэрилин Монро, Дженис Джоплин и Анну-Николь Смит. Поступки этих людей, с нашей точки зрения, не имели бы смысла, если бы мы раньше не выяснили, какие причины толкают мужчин и женщин на внебрачные связи.

Историю обычной женщины, решившейся на роман, великолепно рассказала нам Мэрил Стрип в фильме «Мосты округа Мэдисон». Ей было скучно, она была одинока, ее заел быт... И тут появился свободный мужчина, которого сыграл Клинт Иствуд. Женщина решилась на роман и успешно скрыла его. Но когда Билл Клинтон заявил: «У меня не было сексуальных отношений с этой женщиной», и указал пальцем на камеру, все сразу поняли, что он погиб. Весь мир решил, что он виновен, несмотря на то, что его жена продолжала изображать блаженное неведение.

....

«Клинтон солгал.
Мужчина может забыть, где он
оставил машину или где живет, но он
никогда не забудет оральный секс,
каким бы плохим он ни был».

Барбара Буш

....

ПОЧЕМУ ЖЕНЩИНЫ ИЗМЕНЯЮТ РЕЖЕ, ЧЕМ МУЖЧИНЫ

Шутка о том, что мужчине для того, чтобы думать, нужно расстегнуть ширинку, недалека от истины. Большинство женщин, когда речь заходит о романе, проявляют такую хитрость, какой позавидовал бы самый отъявленный маньяк. Мужчинам же скрыть свой роман удается крайне редко. Основная проблема мужчин — в неспособности рационально мыслить в ситуациях, связанных с сексом. Большинство мужчин обычно не планируют измену. Романы у них случаются неожиданно. Женщины же чаще всего сначала тщательно обдумывают свою измену и лишь потом решаются на нее. Количество женщин, изменяющих своим партнерам, меньше, чем количество изменяющих мужчин, хотя среди молодых женщин этот показатель выше, чем среди зрелых дам. Мишель Лэнгли, автор книги «Женская неверность», в течение десяти лет проводила исследование, которое показало, что женщины, особенно молодые, изменяют столь же часто, как и мужчины. Но женщина от природы — существо более любящее и заботливое. В женском организме уровень сексуального гормона тестостерона невысок, зато высок уровень «гормона ласки», окситоцина. Поэтому женщинам не так необходим физический секс. Кроме того, большинство женщин всю жизнь твердо верят в то, что они должны быть самым важным человеком в жизни своего партнера, потому что сами ставят мужчину на первое место в своей жизни.

Многие женщины жертвуют собственными потребностями, чтобы поддерживать мужа, воспитывать его детей, вести его дом и хранить ему верность, несмотря ни на что. Для большинства женщин такое отношение распространяется и на секс тоже. Мысль о том, чтобы заняться сексом или даже прикоснуться к другому мужчине, их даже не посещает. Самые наивные полагают, что и их мужья считают так же. Семинар, посвященный различиям между мужчинами и женщинами, открывает глаза любой невесте и спасает множество семей от развода — а ведь ежегодно распадается больше половины браков! Проблема заключается в том, что мужчина действует под влиянием сексуальных гормонов с момента полового созревания и до конца своих дней. Однако, когда мужчина стареет, его разум начинает требовать такого, чего его тело выполнить не способно. Потребность мгновенно реагировать на стимул со временем ослабевает, но большую часть жизни мужчины его мозг очень редко игнорирует сексуальные стимулы.

В браке есть и хорошая сторона. Он учит нас верности, терпимости, самоограничению и другим полезным качествам, которые вам не пригодились бы, если бы вы остались холостяком.

ШЕСТЬ САМЫХ РАСПРОСТРАНЕННЫХ ЗАБЛУЖДЕНИЙ ОТНОСИТЕЛЬНО ИЗМЕН

Миф № 1: изменяют преимущественно мужчины

Мужчины «беби-бума», то есть родившиеся до 1962 года, изменяют вдвое чаще, чем женщины того же поколения. Однако новые исследования показывают, что современные женщины в возрасте 20—30 лет имеют столько же романов, сколько и мужчины их возраста. Эти женщины чаще всего работают и финансово независимы, а следовательно, смелее рискуют личными отношениями. Около половины всех романов завязывается на работе.

Миф № 2: изменника легко определить

В определенных обстоятельствах изменить может любой. Человек, у которого возникает роман на стороне, сначала даже и не думает об измене. Возможно, в его системе ценностей вообще нет места измене, но когда обстоятельства складываются удачным образом и предоставляется возможность, человек поддается соблазну. Трудно устоять, когда вы только что поссорились с партнером, а на работе симпатичный коллега начинает сыпать сексуальными намеками... Или загорелый садовник делает комплимент... Многие из нас считают, что к неверности склонны лишь люди определенного типа, и поэтому испытывают ложное чувство безопасности. Конечно, есть люди, особенно склонные к случайным связям, но романы могут случиться у каждого из нас. Мужчины обычно используют удобную возможность, а женщины все планируют заранее. Не обманывайтесь на этот счет. Не думайте, что вот вы-то никогда не измените партнеру. Лучше подумайте о ситуациях и обстоятельствах, в которых это может произойти, и старайтесь их избегать.

Миф № 3: монотонность длительных отношений ведет к роману

Романы в первые два года брака случаются чаще, чем в любое другое время. В этот период женщины задумываются, правильный ли выбор они сделали и не будет ли лучше жить с кем-то другим. На то, чтобы по-настоящему узнать партнера, уходит около двух лет. Если до брака у мужчины было множество романов, то в первые годы семейной жизни он вряд ли сразу изменится. В организме таких мужчин очень высок уровень тестостерона. Кроме того, склонность к такому поведению порой закладывается в раннем детстве, и, став взрослыми, эти мужчины продолжают вести себя как и раньше.

Миф № 4: мужчина изменяет, когда несчастлив дома

В 2007 году исследовательница семейной неверности Ширли Гласс, автор книги «Не «просто друзья», выяснила, что люди, которые никогда не намеревались изменять своим партнерам, вступают в глубокие, страстные отношения, прежде чем успевают понять, что пересекли черту, отделяющую платоническую дружбу от романтической любви. Мужчинам достаточно заметить удобную возможность, чтобы в их мозгу произошла химическая реакция, подталкивающая их к измене. Женщины, изменившие своим партнерам, говорили о том, что в течение целого года до начала романа ощущали эмоциональную неудовлетворенность. Они признавались, что все это время обдумывали возможность романа на стороне.

Отсюда можно сделать вывод о том, что чем больше эмоциональная пропасть между вами и вашим партнером, тем выше вероятность возникновения внебрачной связи. Лучший способ сохранить семейный мир и покой — это откровенный разговор о ваших отношениях.

Миф № 5: во второй раз все будет иначе

Те, кто решают завершить роман браком, часто думают, что в этот-то раз все будет по-другому. Химические изменения, происходящие в мозгу, обманывают многих людей, заставляя их поверить в то, что теперь-то это навсегда. Статистика показывает, что так происходит лишь в 25% случаев. 75% подобных браков завершается разводом. И все же большая часть тех, кто вступает в повторный брак, считает, что они-то попадут в эти заветные 25%. Роман заставляет человека жить в иллюзорном мире фантазий, где не нужно оплачивать счета и мыть туалет. Потенциальные покупатели всегда в восторге от новой машины, но через год ее приходится периодически отправлять в сервис. И тогда она становится самой обычной машиной.

Миф № 6: измену партнера всегда чувствуешь сразу

Большинство людей не замечают признаков измены, потому что убеждены в том, что партнер будет хранить им верность. Поэтому обычно никто не ищет тревожных признаков. Даже когда симптомы измены становятся очевидными, многие предпочитают делать вид, что ничего не происходит, чем решать возникшую проблему. Женщины лучше замечают сигналы измены, вот почему более 80% разрывов происходит по инициативе женщин. В своих книгах, посвященных языку телодвижений, мы писали о том, почему мужчины не столь восприимчивы к подобным сигналам, как женщины. Мужчины не обладают способностью выявлять противоречие между словами и поступками. Поэтому многие мужчины бывают потрясены, обнаружив, что партнерши им изменяют.

ДЕВЯТЬ РАЗЛИЧНЫХ ТИПОВ РОМАНОВ

Когда в личных отношениях возникают проблемы и становится непонятно, как их разрешить, вы становитесь отличным кандидатом на роман, поскольку такая связь позволит вам на время скрыться от своих проблем. Вот девять основных типов романов.

1. Сохранилась ли моя «рыночная ценность»?

Вы чувствуете, что партнер потерял к вам интерес, стал проводить с вами меньше времени, а может быть, вы вступили в брак в очень молодом возрасте и ощущаете свою неопытность. В любом случае вам интересно понять, сохранилась ли ваша «рыночная ценность» для потенциальных партнеров. Вы ощущаете некую неудовлетворенность, вам обидно, что партнер игнорирует ваши потребности. Вы не знаете, по-прежнему ли привлекательны для представителей противоположного пола. Вам кажется, что вы что-то упускаете. Вы просто хотите завязать роман, чтобы избавиться от сомнений или вырваться из рутины. Если ваш роман относится к этому типу, то, подтвердив свою «рыночную ценность», вы, скорее всего, захотите его завершить. И если вам это удастся, то ситуация в вашей семье заметно улучшится.

2. Кризис среднего возраста

Вы достигли среднего возраста. Вам начинает казаться, что жизнь проходит, а вы так многого не успели. Вы хотите понять, не даром ли была потрачена ваша жизнь. Начинают болеть и умирать ваши друзья — ровесники и даже моложе. Вы начинаете чувствовать свой возраст. Сексуальное желание ослабевает. Конец жизни маячит на горизонте. Вам хочется совершить нечто запоминающееся или значительное. Начинается паника, и вы хотите решиться на какое-нибудь безумство, чтобы оправдать свое существование. Роман — не совсем то, что вам нужно. Вам нужно осознать свою зрелость и поставить перед собой новые, вдохновляющие цели.

3. Сравнение

Такие романы часто возникают в первые годы брака или новых постоянных отношений. Человек, завязывающий подобный роман, сомневается в том, правильный ли выбор он сделал. Не будет ли он счастливее с кем-то другим? Не исчезнут ли проблемы, если вступить в отношения с другим человеком? Если у вас возник такой роман, вам нужно понять, какой конкретный аспект своих отношений вы пытаетесь оценить и исправить, а затем предпринять необходимые действия. Вам вовсе не нужен роман на стороне. Если вы поймете то, что вас не устраивает в постоянном партнере, заканчивайте роман и начинайте жить реальной жизнью.

4. Часовой механизм

Такой роман начинается, потому что один из партнеров не хочет откровенно высказать свои претензии другому. Вы даже не уверены в том, что вам нужно, чего недостает в вашем браке. Вы думаете, что новым романом сможете изменить свою жизнь к лучшему. Вы сознательно не заметаете следов, чтобы партнер обнаружил вашу измену и вам самому не пришлось разбираться с этой ситуацией. Роман вам вовсе не нужен — вам нужно набраться смелости и раз и навсегда решить все проблемы. Это будет менее болезненно и куда дешевле, чем заводить роман на стороне. Роман такого типа кажется легким выходом, но на самом деле это не так.

5. Сведение счетов

Ваш партнер вам изменил, и вы в отместку решаете завести роман, чтобы он понял, каково это — терпеть измену. Ваш роман продиктован вовсе не стремлением к эмоциональному или сексуальному удовлетворению. Вы делаете это просто назло. Роман вызывает у вас чувство вины и ненависти к самому себе. Это своеобразное наказание — и для себя, и для своего партнера по внебрачной связи (впрочем, мужчины — исключение, они всегда будут благодарны за секс). Если вы завязали подобный роман, помните, что ваша цель — это месть. Не стремитесь к эмоциональному удовлетворению. Лучше обратитесь к психологу и посоветуйтесь с ним, как справиться с гневом на изменившего партнера или супруга.

6. Поиск «жилетки», в которую можно выплакаться

В таком романе больше времени тратится на то, чтобы открыть новому партнеру душу, чем на занятия сексом. На самом деле секс, сколь бы привлекательной ни казалась эта сторона отношений, является в подобном романе не главным. Главное в нем — бесплатная психотерапия. Вы чувствуете, что другой человек вас понимает, ободряет и поддерживает. Это еще один роман, который никому не нужен. Тут нужна помощь профессионального психолога — это куда дешевле.

7. Лучшее предложение

Такой роман возникает, когда либо ваша «рыночная ценность» возрастает, потому что вы нашли лучшую работу, сбросили вес, сделали пластическую операцию или получили диплом, либо падает ценность партнера, потому что он стал ленив или скучен. Когда вы вступали в брак, партнер был вашим лучшим вариантом. Теперь вы стали старше и опытнее, ваш взгляд на отношения изменился. Вы думаете, что заслуживаете лучшего. Поговорите с партнером о своей неудовлетворенности и поставьте общие цели, которые уравняют вашу «рыночную ценность». Обновляя что бы то ни было, вы обычно платите за новую модель больше и многое теряете вместе со старой. Может быть, необходима просто генеральная уборка и реконструкция существующих отношений.

8. Неудовлетворенность потребностей

Ваш партнер отказывается делать то, что вам необходимо, — идет ли речь об эмоциональной связи, душевном разговоре, оральном сексе, анальном сексе, сексе на американских горках или о чем угодно. И тогда вы рискуете имеющимися отношениями, пытаясь удовлетворить эти потребности в другом месте. Хороший сексолог поможет вам разработать стратегию, которая позволит достичь желаемой цели в реальной жизни. А может быть, вы поймете, что неудовлетворенные потребности куда значительнее, чем существующие отношения. В таком случае лучше уйти.

9. Случайный роман

Как мы уже говорили раньше, при наличии соответствующих обстоятельств роман может случиться у каждого. Вы даже не понимаете, как и почему начался этот роман, но, черт побери, как же вам хорошо! Вы не знаете, как положить конец этим отношениям, терзаетесь тревогой и чувством вины. Вы спрашиваете себя: «Зачем я это делаю?» — и не находите ответа. Случайный роман выявляет все то, чего вам недостает в отношениях со своим постоянным партнером. Попробуйте добиться желаемого в постоянных отношениях и разорвите роман.

ПОЧЕМУ «ИДЕАЛЬНЫЙ РОМАН» — ЭТО ВСЕГО ЛИШЬ ФАНТАЗИЯ

Такого понятия, как «идеальный роман», не существует. Наличие внебрачной связи подразумевает ложь, обман, сложные объяснения, гнев. Изменившего партнера часто терзает чувство вины, которое вербально или физически выплескивается на другого партнера. Если у вас возник роман, отнеситесь с уважением к самому себе и своему партнеру. Обратитесь к психологу или разорвите внебрачные отношения.

Семейный психолог отправляет ссорящихся супругов в сад, чтобы они подумали, как лучше решить свои проблемы. В саду находится колодец желаний. Жена наклоняется, загадывает желание и бросает монетку в воду. Муж тоже хочет загадать желание, но наклоняется слишком сильно, падает в колодец и тонет. Жена улыбается и шепчет: «Надо же, сработало!»

ОБ ЭТОМ ВСЕ ГОВОРЯТ

Подозрение в том, что партнер вам изменяет, может быть более мучительным, чем суровая правда. Многие женщины делают вид, что ничего не замечают, тогда как большинство мужчин ищет доказательства и хочет узнать правду любой ценой.

В жизни редко происходит так, как в кино: очень немногие застают партнеров на месте преступления — несмотря на то, что большинство мужчин изменяют женам в собственной постели в собственном доме. Иногда до обманутого супруга доходят слухи. Друзья часто не решаются рассказать о том, что вам изменяет партнер, — посланцу, принесшему дурную весть, часто самому приходится плохо. А некоторые друзья скрывают суровую правду не из самых лучших побуждений. Женщины чаще предпочитают рассказать о своих догадках, потому что боятся сами оказаться в печальном неведении. Им кажется, что в такой ситуации они предпочли бы, чтобы подруги рассказали им об измене партнера.

Чаще всего измена открывается через документы — счет из отеля, доказывающий, что изменник был там, где не должен был находиться, чеки на покупку подарков или цветов, которых обманутый партнер не получал, странные номера в мобильных телефонах, необъяснимые расходы по кредитной карте, электронные письма или записанные на клочках бумаги телефоны.

ВОСЕМЬ КЛАССИЧЕСКИХ ПРИЗНАКОВ ИЗМЕНЫ

При отсутствии реальных доказательств, внимательных друзей или денег на частного детектива можно обратить внимание на универсальные признаки, которые подскажут вам, что пора задавать вопросы. Будьте готовы к тому, что партнер, доказавший свою невиновность, может разозлиться на вас. Но в то же время будьте готовы и к последствиям того, что сделанное открытие может вам не понравиться.

Мужчина приходит домой и видит жену в постели со своим лучшим другом. Он убивает жену, а собака получает отсрочку приговора.

Когда мужчина или женщина вступают во внебрачные связи, изменившийся гормональный фон начинает влиять на их поведение. Могут произойти мелкие перемены в повседневных привычках или появиться новые привычки, которые направлены на введение другого партнера в заблуждение.

Изменение обычного поведения — любые изменения повседневного поведения, которые говорят о наличии заинтересованности вне дома: мужчина начинает сам стирать свое белье, любитель посидеть у телевизора вдруг записывается в спортивный клуб, партнер перестает носить обручальное кольцо или начинает запирать ящики стола.

Изменения в сексуальной жизни — возникают мелкие изменения в регулярности или стиле сексуальной жизни, и на них следует обратить внимание. Если партнер хочет попробовать нечто такое, чего вы никогда не делали, возможно, его кто-то этому научил. Партнер может находиться под влиянием новой страсти. Сигналом должно стать и неожиданное отсутствие интереса к сексу.

Изменения внешности — диета, новая одежда, душ сразу после прихода с работы, стремление бриться два раза в день, новая прическа или макияж — все это признаки, на которые следует обратить внимание.

Деловые поездки — учащение командировок, причем на несколько дней, отказ приглашать партнера на корпоративные вечеринки, скрытность относительно делового расписания, информации о полетах и отелях.

Пребывание в других местах, неизвестных партнеру. Необъяснимые задержки на работе, а также тот факт, что коллеги партнера чувствуют себя некомфортно в вашем обществе.

Нервные реакции — на телефонные звонки или упоминания определенных людей. Следите за тем, что партнер говорит во сне, обращайте внимание на перепады настроения и усилившуюся критику в свой адрес.

Смена темы разговора — в случае служебного романа коллега, о котором вы раньше иногда упоминали, либо начинает упоминаться постоянно, либо полностью исчезает из разговоров. Мужчина часто повторяет одни и те же истории, потому что забывает, кому и что рассказывал.

«Технические» перемены — вы начинаете замечать, что партнер перестает вам звонить, предпочитая посылать электронные письма. Телефонные разговоры становятся короткими, резко обрываются, партнер говорит шепотом — типичный признак того, что рядом находится кто-то другой. Партнер часто уходит на прогулку с мобильным телефоном — почему-то в вашем присутствии резко портится телефонная связь. Партнер слишком часто и слишком надолго уходит в ванную комнату. Когда вы вместе, партнер не всегда берет трубку. Партнер много времени проводит в сети, проверяет электронную почту, а когда вы подходите, сразу гасит экран. Его «блэкберри» никогда не лежит там, где вы можете его увидеть. На компьютере и телефоне неожиданно появляется пароль.

Новые друзья — появляются новые друзья по работе, которых вы никогда не видите. Они иногда звонят, но звонки очень короткие: вам говорят, что перезвонят партнеру и ничего не хотят передать.

Все описанные выше признаки более заметны у мужчин, чем у женщин. Женщины лучше умеют скрывать истину, а мужчины хуже замечают очевидное (о чем мы писали в других своих книгах). Признаки часто бывают настолько явными, что остается только диву даваться, как мужчины могут их не замечать, — например, полное отсутствие симпатии, вопросы о том, не собирается ли партнер куда-нибудь уехать на выходные, презервативы в дорожной сумке, эмоциональная отстраненность, стремление заняться чем угодно, лишь бы не общаться с партнером. Женщины, у которых есть внебрачная связь, предпочитают воздерживаться от близости и секса, потому что подобная двойственность для них тяжела — любая женщина в глубине души хочет иметь одного партнера.

По причинам, о которых мы говорили выше, мужчины часто считают, что секс на стороне вносит приятное разнообразие и оживление в семейную жизнь. Поскольку мужской мозг с легкостью отделяет секс от любви, иметь отношения с несколькими женщинами одновременно мужчине совсем нетрудно.

Почему мозг мужчины больше мозга собаки?
Чтобы мужчины не набрасывались на женщин прямо во время вечеринок.

КАК ВЕСТИ СЕБЯ С ИЗМЕНИВШИМ ПАРТНЕРОМ

В тот вечер, когда принц Чарльз дал свое знаменитое телевизионное интервью, в котором признался, что изменял жене с Камиллой Паркер-Боулз, принцесса Диана в своем самом сексуальном маленьком черном платье отправилась на светское мероприятие, где поразила всех своей красотой. Это было для нее нелегко — но гораздо легче, чем сидеть дома у телевизора, утирая слезы. Мужчины, которым изменила партнерша, страдают меньше, потому что их основные и самые длительные эмоции — это гнев и уязвленная гордость, то есть эмоции агрессии. Мужчине гораздо труднее открыться эмоционально, поговорить с друзьями, рассказать о своих страданиях и страхах.

Как правило, женщина в подобной ситуации проходит через несколько отдельных этапов, начиная с гнева и боли. Но переживает последствия измены женщина гораздо дольше и болезненнее. Она теряет уверенность в себе, у нее снижается самооценка. Она начинает больше заботиться о детях, чувствуя на своих плечах огромный груз ответственности. Ей нужно сохранить семью из-за отсутствия других вариантов. Женщины, пережившие предательство, часто испытывают депрессию или заболевают, потому что в условиях стресса ослабевает иммунная система, и организм остается беззащитным перед инфекциями и болезнями. В таком состоянии женщина с легкостью заражается гриппом от детей, у нее возникают боли в суставах и позвоночнике, что связано с постоянно испытываемым физическим напряжением.

Многие женщины обвиняют в неверности партнера других женщин — это часть синдрома отрицания. Они не могут поверить в то, что мужчина, которого они любят и вокруг которого строят свою жизнь, может причинить им такую боль и заставить чувствовать унижение. Часто женщины прощают мужчинам случайные связи и даже длительные романы, которые те обещают закончить. Некоторые годами терпят череду случайных связей и постоянных любовниц.

*Некоторым кажется, что трава по ту
сторону ограды всегда зеленее.
Конечно, это так — ведь туда выходит
канализационная труба.*

Женщины ведут себя подобным образом по ряду причин: они любят этого мужчину, любят его детей, им нравится семейная жизнь и социальный статус пары с детьми. Кроме того, они не хотят терять средства — дом и доход. Женская самооценка падает так низко, что им кажется, что их уже больше никто никогда не полюбит. Некоторые женщины начинают думать, что внебрачные связи мужчины — это плата за хороший дом, доход и образ жизни. Другими словами, женщина ради получения средств соглашается терпеть измену. Но ей это может дорого обойтись — и в эмоциональном, и в физическом отношении. Нет никаких гарантий, что муж не уйдет и от терпеливой жены. Надо сказать, что мужчины редко рвут отношения, даже когда несчастливы в них. Они сохраняют отношения просто потому, что не получают лучших предложений. Случайная связь может перерасти в романтическую любовь или длительную привязанность. И если мужчина решает, что новая женщина во многом лучше старой, он может уйти из семьи.

Мужчина решает сохранить семью, даже обнаружив, что жена ему изменяет, в том случае, если роман остается тайной для окружающих. Роман жены глубоко уязвляет мужскую гордость. Но если об этом знают все, он чувствует себя ужасно. Разум подсказывает ему, что в такой ситуации он не может быть уверенным в собственном отцовстве. Как мы уже говорили, если у мужчины нет лучшего варианта, он, скорее всего, останется и постарается сохранить семью — если только женщина не выгонит его.

Жизнь после обнаружения романа может оказаться тяжелее, чем разрыв и начало новых отношений. Лишь немногие находят выход накопившейся боли и агрессии. Люди пытаются скрывать свою боль и уверяют себя в том, что им все почудилось. Объектом для выплеска боли и гнева становится человек, который эти эмоции вызвал, то есть партнер, а не тот, с кем он изменил.

> «В жизни обычно предоставляется две возможности: можно остаться холостяком и страдать от этого, а можно жениться и мечтать о смерти».
>
> Боб Хоуп

Те, кто начинает устраивать изменившему партнеру скандалы, страдают от унижения. Им мучительно больно от того, что они опустились до уровня обманутых любовников — скандалят на улице, разбивают машины, кидают камни в окна, размещают обидные блоги в Интернете или в клочья рвут одежду.

---

*Игра слов: cheetah *(англ.)* — гепард, cheater (англ.) обманщик

Некоторым мужчинам и женщинам кажется, что единственный выход из ситуации — изменить самому, но такая игра чревата печальными последствиями. Хотя сначала вы почувствуете себя лучше, этот роман может закончиться разрывом, и вы снова почувствуете себя использованным и обманутым. Кроме того, роман в отместку делает человека таким же обманщиком, как и изменивший ему партнер.

ВЕДИТЕ СЕБЯ ПРАВИЛЬНО

Человек, склонный к случайным связям, не подходит для брака. Если он хочет создать семью или построить длительные отношения, ему нужно по-новому взглянуть на себя и свой образ жизни. Партнеру такого человека лучше начать все сначала, чем пытаться построить с ним счастливую семью. Вы же не стремитесь создать семью с убийцей или мошенником? Так зачем же вам серийный обманщик?

Человек, у которого существует давний и длительный роман, вынужден выбирать. У того, кто решает сохранить отношения с постоянно изменяющим партнером, нет будущего — только болезни и депрессия. Если ситуация не изменится, то за это придется заплатить высокую эмоциональную цену.

Главная проблема для тех, кто хочет решить свои проблемы и возродить отношения, заключается в том, как оставить печальные обломки крушения позади и построить гармоничные отношения с новым партнером.

КАК ВОССТАНОВИТЬСЯ ПОСЛЕ ИЗМЕНЫ

1. **Общайтесь.** Если вы не будете говорить с партнером о том, что случилось, почему и как это произошло, вам никогда не продвинуться вперед.

Будьте честны и не бойтесь спросить, даже если ответ вам не понравится. Только эти разговоры могут открыть вам обоим дверь в будущее.

2. **Будьте откровенны.** Если у вас случился роман, признайте, что это была ошибка, и подтвердите свою искреннюю готовность спасти отношения. Последствия могут вас пугать, но признание с большей вероятностью позволит вам сохранить отношения, чем если ваш партнер узнает об этом не от вас. Помните, что признание часто бывает началом восстановления прежних отношений. Это шок, который заставляет людей остановиться, по-новому взглянуть на свою жизнь и изменить ее к лучшему.

3. **Не вините друг друга** в том, что вы сделали или чего не сделали. Это негативный подход, который не ведет ни к чему хорошему и не решает проблем, из-за которых и возник роман.

4. **Не принимайте поспешных решений.** Шок должен пройти со временем. Это позволит вам спокойно и трезво оценить ситуацию. Через неделю вы успокоитесь и сможете принять правильные решения о будущем своих отношений.

5. **Смиритесь с периодом горя.** Привычные отношения остались в прошлом и никогда не вернутся. Попытки делать вид, что ничего не произошло, не помогут вам относиться к партнеру по-прежнему.

6. **Если вы не можете рассказать об этом, напишите.** Этот прием весьма эффективен для мужчин, которым трудно говорить о своих чувствах и страхах. Разговоры — не мужской конек. Не стоит вести бесконечные обсуждения произошедшего. Поставьте точку.

7. **Составьте список.** Вы и ваш партнер должны составить список того, что необходимо изменить и на что нужно обратить внимание, чтобы отноше-

ния нормализовались. Удивительно, что в таких списках появляются самые простые и понятные пункты. Остается только гадать, почему люди не разобрались с этими проблемами до возникновения романа. Наверное, серьезные вещи просто теряются за повседневной семейной рутиной.

8. **Будьте добры к самим себе.** Устройте себе отдых. Забудьте о том, что можно не делать или делать пореже. Ведь эти занятия мешают вам быть вместе и доставлять друг другу радость.

9. **Вместе работайте над самооценкой.** После романа спасти брак можно только в том случае, если обе стороны по-настоящему сожалеют о произошедшем. Негативные чувства не должны подавить вас. Постарайтесь прийти к позитивным выводам. Чтобы избавиться от чувства вины, нужно понять свою роль в случившемся и забыть об этом, стараясь сделать совместную жизнь лучше.

ЧЕТЫРЕ ЖИЗНЕННЫЕ СТРАТЕГИИ, КОТОРЫЕ ПОЗВОЛЯТ НЕ ПРЕВРАТИТЬСЯ В ОБМАНЩИКА

Партнер всегда должен оставаться для вас главным приоритетом. Отношения, в которых для одного или для обоих партнеров главным приоритетом является работа, бизнес или дети, могут привести к роману. Хотя все это тоже важно, главным приоритетом всегда должен оставаться партнер.

У вас должны быть тайны, неизвестные окружающим. Не делитесь с чужими людьми личными или интимными деталями, о которых не говорили со своим партнером.

Каждый день общайтесь друг с другом. Партнеры, которые каждый день находят время, чтобы поделиться друг с другом своим мыслями и чувствами, реже изменяют и чувствуют себя в большей безопасности.

Избегайте ситуаций, чреватых возникновением романа. Избегайте обстоятельств, в которых вас может на время потянуть к другому человеку. Это не означает, что у вас есть проблемы и вам нужно их решать. Просто старайтесь не попадать в такие ситуации.

РЕЗЮМЕ

Люди, состоящие в длительных отношениях, больше всего боятся неверности партнера. Но когда один из партнеров несчастлив и может решиться на роман, это легко заметить по многочисленным сигналам. Поговорите и обсудите свои чувства и страхи с партнером, восстановите отношения, какими они были в самом начале. И тогда о неверности не пойдет и речи.

Романы редко решают какие-то проблемы — напротив, они всегда создают новые. Новый человек предъявляет новые требования. Чем больше ваша разница в возрасте, тем сложнее возникающие проблемы. Большинство из тех, кто решается на роман, путает страсть и возбуждение от страха быть застигнутым с любовником. Роман — это совершенно эгоистическое времяпрепровождение без мыслей о реалиях повседневной жизни: кто будет мыть туалет, кто отвезет детей в музыкальную школу, кто выбросит мусор. Даже если человек вступает в брак с объектом своей незаконной страсти, гормоны, которые удерживали их вместе, через год-два практически полностью исчезают. Возбуждение новизны проходит, и жизнь снова становится столь же рутинной, как раньше.

Пойманные на внебрачной связи после развода теряют половину своих социальных контактов, половину или даже большую часть своих средств. Им приходится разрываться между новой любовью и имеющимися детьми, братьями, сестрами, родителями, бывшими партнерами и коллегами по работе, причем многие могут и не принять их нового партнера.

Ведущая английская организация, изучающая человеческие отношения, выяснила, что 50% пар, разорвавших давние отношения, впоследствии жалеет об этом решении. Роман не обязательно становится причиной разрыва, но является тревожным симптомом существующей, но не признаваемой одним или обоими партнерами проблемы. Мужская и женская неверность — это признак того, что отношения необходимо изменить тем или иным образом.

Общение с психологом помогает решить большинство проблем, которые приводят к возникновению романов.

«Когда мужчина женится на своей любовнице, вакантное место освобождается».

Оскар Уайльд

----

* Роман может случиться у каждого и в любых отношениях.
* Роман не решает проблем, а порождает новые.
* Попробуйте решить свои проблемы с семейным психологом.

Глава 7

КАК НАЙТИ ПОДХОДЯЩЕГО ПАРТНЕРА — ОЦЕНКА ПАРТНЕРСКИХ КАЧЕСТВ

Основываясь на данных вашей анкеты, мистер Филштейн, мы получили примерный портрет идеальной для вас партнерши...

«Я решил жениться на ней. Ухаживание — это пустая формальность. Но что сказать, чтобы познакомиться? «Хочешь жевательную резинку?» — слишком просто. «Эй, малышка» — слишком фамильярно для моей будущей невесты. «Я люблю тебя! Я с ума схожу от страсти!» — слишком прямолинейно. «Я хочу, чтобы ты стала матерью моих детей» — слишком преждевременно. И я ничего не сказал. Именно ничего. Я просто сидел и ничего не делал. Автобус подъехал к ее остановке, она сошла, и я больше никогда ее не видел».

КАК НАЧИНАЮТСЯ БОЛЬШИНСТВО ОТНОШЕНИЙ

У большинства из нас отношения начинаются случайно. Хотя все больше людей знакомится через брачные агентства и через Интернет, около половины из нас находит партнеров на работе, а остальные знакомятся случайно в клубах, пабах, барах, на дискотеках, в гостях и на свиданиях вслепую. Большая часть людей находит партнеров неожиданно, без каких-либо планов и четких целей. И после этого мы удивляемся, почему количество разводов так велико.

Любой отдел кадров, подбирая кандидата на должность руководителя высокого уровня, требует от претендентов резюме, медицинскую справку, финансовые документы, кредитную историю и рекомендации с предыдущих мест работы. Если человек был в тюрьме или совершил массовое убийство, вам же нужно об этом знать, верно? Так почему же вы вступаете в личные отношения с человеком, которого встретили в клубе или пабе и о котором ничего не знаете? Однако большинство из нас знакомится с новыми партнерами абсолютно случайно. В течение первого года знакомства люди всеми силами стараются скрыть свои недостатки и подчеркнуть достоинства, так что довольно долго вы не имеете представления о том, что за человек рядом с вами.

Идеальный партнер для вас — тот, относительно кого у вас *нет абсолютно никаких сомнений в том, что именно с этим человеком вы хотите провести всю жизнь*. Не спешите. Возраст больше не играет серьезной роли. Вам есть из кого выбирать.

Любые отношения — это процесс обучения и ступенька к идеальному партнеру.

Когда речь заходит о выборе партнера на длительный срок, здравый смысл гораздо полезнее эмоций и чувств. Как мы уже говорили, любовь связана с химическими процессами, происходящими в мозгу и направленными на то, чтобы подтолкнуть вас к размножению, не раздумывая над тем, подходит ли вам этот человек. Любые решения, которые могут изменить вашу жизнь, следует принимать взвешенно. Подумайте, хорошо ли вам будет рядом с этим человеком в течение долгого времени. Неудачный союз будет иметь серьезные последствия и сделает вашу жизнь несчастливой. Лучший способ поиска партнера на всю жизнь — это тот, каким ищут кандидатов на высокие должности. Зачем позволять незнакомцу менять вашу жизнь и самому меняться только из-за того, что в организме произошел выброс гормонов?

СОВПАДЕНИЕ С ПОДХОДЯЩИМ ПАРТНЕРОМ

Чтобы найти подходящего партнера, вы должны:

— точно знать, чего вы хотите от партнера;

— иметь возможность дать ему то, чего он хочет от вас.

Как мы уже знаем, первобытным женщинам нужны были средства. И мужчины на протяжении веков развивались как добытчики этих средств. Первобытные мужчины ценили в женщинах репродуктивную способность, и поэтому женщины на протяжении веков стремились выглядеть молодыми, здоровыми и плодовитыми. Сознательно или подсознательно, мужчины и женщины понимают, чего хотят представители противоположного пола. Точно так же, как рыбак насаживает на крючок наживку, чтобы поймать рыбу, мужчины и женщины делают все, чтобы привлечь потенциального партнера.

*Женщины подманивают мужчин
предложением секса; мужчины
подманивают женщин предложением
средств.*

И это смущает новое поколение молодежи. Молодые женщины убеждены в том, что мужчины и женщины «равны», а значит, одинаковы. Следовательно, современные мужчины хотят долгих романтических бесед, они готовы ухаживать, вести любовную игру, обсуждать чувства. На самом же деле мужчины XXI века хотят точно того же, чего хотели их предки: как можно больше секса и как можно больше разнообразия.

Опытные мужчины, которые понимают основные потребности женщин, ухаживают за ними и ведут любовную игру, чтобы получить желаемое. Но чем выше статус мужчины, тем меньше времени он готов этому посвятить. Если Брэд Питт может уложить в постель привлекательную женщину меньше чем за полчаса, то рядовому банковскому клерку потребуется на то же самое полгода, а то и больше.

ОСНОВНЫЕ ЦЕННОСТИ И УБЕЖДЕНИЯ

Состоятельность мужчины и здоровье и молодость женщины являются основными критериями выбора партнера, заложенными в нас самой природой. Но все исследования показывают, что сохраниться в течение длительного срока могут лишь те отношения, в которых партнеры имеют общие убеждения и ценности.

*Чтобы сохранить отношения надолго,
партнеры должны иметь сходные или
одинаковые ценности и убеждения.*

Почему мужчины хотят секса, а женщины любви

183

Ключевые ценности:

— отношение к воспитанию детей и к дисциплине;

— разделение домашних обязанностей;

— отношение к финансам — на что, когда и как тратить деньги;

— отношение к уборке и условиям жизни;

— отношение к обществу и семье — чем, когда и как часто заниматься;

— отношение к сексу и близости — кому чего хочется.

Ключевые убеждения:

— духовные и религиозные;

— этические и моральные;

— политические и культурные.

Не существует такого понятия, как совместимая пара. Большинство пар расходятся во мнениях по некоторым основным вопросам — о деньгах, сексе, детях и времени. Успешные отношения строятся на влечении, сходных ключевых ценностях и убеждениях и на умении сглаживать имеющиеся различия. Вы сами строите вашу совместимость. Помните, что через пару лет гормональный уровень придет в равновесие, и ваши отношения будут зависеть от сходства убеждений и ценностей. Когда вы встречаетесь с новым человеком, он старается продемонстрировать свои самые лучшие качества и ведет себя так примерно год. За это время вы и должны выяснить его ключевые ценности и убеждения.

Вот три простых вопроса, ответы на которые позволят вам оценить потенциального партнера на самых ранних этапах отношений.

Каковы его основные ценности? Как человек относится к окружающим — друзьям, родственникам, коллегам? Внимателен ли он? Заботлив ли? То, как человек относится к собаке или официанту в ресторане, многое говорит о том, как он будет относиться к вам.

О чем говорят его поступки? Человек может говорить вам что угодно, но его истинная натура проявляется в поступках. Если он говорит, что вы для него — главное в жизни, но при этом больше времени проводит с друзьями, обращайте внимание не на слова, а на поступки.

Что думают о нем ваши друзья? Хотя ваше мнение будет решающим, следует прислушаться и к мнению близких друзей, которые не находятся под влиянием любовных гормонов. Друзья могут помочь вам объективно оценить реальность.

ПЯТЬ НАИБОЛЕЕ РАСПРОСТРАНЕННЫХ ОШИБОК В НОВЫХ ОТНОШЕНИЯХ

То, о чем рассказано ниже, знакомо практически каждому из нас, потому что на том или ином этапе жизни мы все совершали подобные ошибки при выборе партнера.

Ошибка № 1: выбор под воздействием гормонов

Когда человек «безумно влюблен», он принимает решения под влиянием чувств, не оценивая потенциала партнера для долгосрочных отношений. Как уже говорилось в главе 1, на этапах страсти и романтической любви мозг переполнен гормонами, и состояние человека близко к наркотическому опьянению. Если вы хотите посвятить всю свою жизнь человеку, «в котором есть нечто магнетическое... волшебное чувство, которое невозможно описать», примите холодный душ и снова прочтите главу 1. Это говорят гормоны, а не мозг. Не отказывайтесь от восхитительной новой любви, но сразу же решите для себя, что, в кого бы вы ни влюбились, до принятия решений, связанных с будущим, должно пройти определенное время.

Ошибка № 2: отрицание проблем

Вы можете убеждать себя в том, что у вашего нового знакомого нет изъянов. Вы можете отказываться слушать окружающих, которые отлично видят все недостатки вашего возлюбленного. Вы можете сосредоточиться на его достоинствах и видеть их и только их. Но так поступать нельзя. Вы должны собрать всю доступную информацию, потому что только на ее основании можно сделать разумный, взвешенный выбор.

Ошибка № 3: выбор зависимого партнера

Вы привлекли внимание человека, который твердит, что вы ему нужны. Вы тратите время на то, чтобы ему было с кем поговорить, и постоянно избавляете его от неврозов. Но со временем вы от этого устанете и захотите найти кого-нибудь другого. А если вы сами впадаете в зависимость от партнера, потому что вас кто-то бросил, то вполне можете оказаться в такой же роли. Дайте себе время — хотя бы 10% от времени прежних отношений, — чтобы справиться со своими чувствами. А потом найдите такого человека, который хочет быть с вами, а не такого, который находится в полной зависимости от вас.

Ошибка № 4: чрезмерная угодливость

Вы изо всех сил стараетесь ни в чем не противоречить новому партнеру, пытаетесь сделать его счастливым, не говорите и не делаете ничего такого, что ему не понравилось бы. Вы превращаетесь в угодника, но таких людей никто не уважает. Собственная пассивность и угодливость вызывают в вас гнев и обиду на самого себя, а партнер начинает думать, что у вас либо нет истинных чувств, либо с вашими чувствами можно не считаться. Вы сами делаете себя жертвой эмоционального насилия. Нужно хотя бы пару раз как следует поругаться с новым партнером, чтобы понять, что он за человек на самом деле.

Ошибка № 5: выбор партнера, которого вам хочется изменить

«Я знаю, что у него не складывалась личная жизнь, но со мной он будет другим. Он изменится». Нет, он не изменится! Тот, кто верит в то, что можно изменить человека, что человек рядом с ним станет другим, в буквальном смысле слова напрашивается на неприятности. Многие женщины верят в волшебную силу любви, которая сделает их мужчину совершенно другим человеком. Но на самом деле их возлюбленный в новых отношениях совершенно спокойно вернется к прежним дурным привычкам. Обычно это происходит не сразу, потому что на ранних стадиях романтической любви большинство людей старается продемонстрировать свои достоинства и скрыть недостатки.

....

Средняя продолжительность брака по данным 2007 года составляет 12 лет.

....

БРАЧНЫЙ РЕЙТИНГ

У каждого человека есть свой «брачный рейтинг», который колеблется от нуля до десяти. Рейтинг — это оценка того, насколько желанен каждый из нас в качестве брачного партнера. Мы сами, сознательно или бессознательно, оцениваем окружающих по этому показателю. Рейтинг основывается на тех качествах, которые мужчины и женщины хотят видеть в партнерах.

Глядя на пару, сидящую в ресторане или проходящую мимо, мы оцениваем обоих партнеров по шкале от одного до десяти и думаем, равны ли эти партнеры. Мы пытаемся понять, являются ли их отношения взаимовыгодными, получили ли партнеры от этого союза то, чего хотели, подходят ли они друг другу. Мы оцениваем их внешность, привлекательность, фигуры, симметрию, средства, красоту и т.п.

Например, суперпару Брэд Питт — Анжелина Джоли все оценят в десять баллов. Многие люди считают, что у них есть все — деньги, слава, власть, красота. У обоих партнеров в этом союзе одинаковый брачный рейтинг. А вот встречая другие пары, мы недоверчиво качаем головой, будучи не в силах понять, что она в нем нашла или что нашел в ней он — или вообще как они ухитряются жить друг с другом. Вы думаете: «Он мог найти себе что-то получше» или «Наверное, она жалеет о своем поступке».

Если же появляется возможность пообщаться с партнерами и узнать их лучше, то рейтинг либо повышается, либо понижается. Если люди богаты, жизнерадостны, добры и интеллигентны, их брачный рейтинг повышается. Если же они занудливы, расчетливы или скучны, брачный рейтинг снижается.

> «Пингвины находят себе партнеров
> сразу и на всю жизнь. И это меня не
> удивляет, потому что они так похожи
> друг на друга. Вряд ли им удастся
> когда-нибудь найти более
> симпатичного пингвина».
>
> Эллен де Дженерес

Все исследования показывают, что наилучшие шансы построить успешные и длительные отношения у партнеров *с одинаковым брачным рейтингом*. Если рейтинг человека — 7, то лучше всего ему искать партнера с той же семеркой. Можно мечтать о Кайли Миноуг или Брэде Питте, но в конце концов находишь партнера, равного себе. Если основные ценности и убеждения партнера совпадают с вашими и вы испытываете симпатию друг к другу, то ваш союз, скорее всего, окажется идеальным. Проблемы в отношениях возникают тогда, когда брачный рейтинг одного из партнеров кардинально меняется. Например, мужчина становится более состоятельным, получив повышение по службе или выиграв в лотерею. И тогда его рейтинг меняется с 7 на 8,5. Рейтинг женщины может снизиться из-за того, что она перестает следить за собой или набирает вес. Ее рейтинг с 7 опускается до 5. И тогда мужчина начинает критически относиться к партнерше, а она пытается заполнить возникшую пропасть другими способами.

АНКЕТА ПО ОПРЕДЕЛЕНИЮ БРАЧНОГО РЕЙТИНГА — КАК ВЫ ЦЕНИТЕСЬ НА РЫНКЕ?

Эта анкета поможет вам оценить свой брачный рейтинг — то есть то, как оценивают вас представители противоположного пола по шкале желательности. Анкета будет полезна любому, кто хочет повысить свой брачный рейтинг и перейти на более высокий уровень. Она поможет вам определить свои слабости и поставить для себя новые цели. В какую бы категорию вы ни попали, если вам в ней комфортно, то все в порядке. Если же вы несчастливы, то этот тест подскажет вам, что нуждается в улучшении. Мы выяснили, что люди обычно бывают слишком суровы к себе, поэтому предлагаем вам попросить кого-нибудь, кто хорошо вас знает, заполнить эту анкету вместе с вами. Такой человек поможет сделать ваши ответы более объективными и точными. Кроме того, вы получите возможность не только оценить себя, но и узнать, как вас воспринимают другие люди. Многих

удивляют оценки других людей в сравнении с собственными.

Сначала ответьте на все вопросы и лишь потом посмотрите на систему баллов, чтобы она не повлияла на
вашу откровенность.

Анкета для мужчин

	РАЗДЕЛ 1	Вряд ли	Возможно	Конечно
1	У меня нормальный вес, соответствующий моему росту			
2	В своем резюме я пишу чистую правду			
3	Когда женщина в баре флиртует со мной, я сразу же распознаю ее сигналы			
4	Я умею понимать подтекст в словах других людей			
5	Я регулярно занимаюсь спортом			
6	Я горжусь своими реальными, а не вымышленными достижениями			
7	Когда я вижу в магазине что-то хорошее, то всегда покупаю это кому-нибудь в подарок			
8	У меня идеальная фигура			
9	Своей подруге я часто пишу электронные письма и посылаю SMS-ки, чтобы сказать ей что-нибудь приятное			
10	Большинство людей считает, что у меня хорошее чувство юмора			
11	Я люблю детей и животных			

12	Я знаю, что такое точка G и как ее найти			
13	Я умею слушать и понимаю потребности других людей			
14	Те, кто меня знает, считают, что я — воспитанный человек			
15	У меня чистая кожа и хорошее телосложение			
16	Каков ваш рост в сравнении со средним мужчиной?	Невысокий	Средний	Высокий
	Общее количество галочек в колонке			

	РАЗДЕЛ 2	Вряд ли	Возможно	Конечно
17	Мне нравится общаться с другими людьми и заводить друзей			
18	Я умею смеяться над собой			
19	Я умею чувствовать боль и обиду других людей			
20	Я регулярно обновляю свой гардероб — особенно белье			
21	Я часто думаю, как сделать так, чтобы партнерша почувствовала себя любимой			
22	Я стараюсь во всем видеть хорошее			
23	Те, кто меня знает, считают меня здравомыслящим человеком			
24	Я учитываю потребности людей, которые играют важную роль в моей жизни			
25	Я горжусь своей внешностью — слежу за прической, ногтями и кожей			
26	Я люблю шутки и смеюсь над ними			

		Нет	Вполне	Да
27	Встречаясь с женщиной, с которой мне хотелось бы построить отношения и которая интересуется мной, я начинаю активно ухаживать за ней			
28	Я часто говорю своей партнерше: «Я люблю тебя»			
29	Я часто готовлю ужин, мою посуду или приглашаю партнершу в ресторан			
30	Большинство людей считает меня честным, достойным человеком			
31	Я уверен в своей внешности и физических способностях			
32	Когда наступает черная полоса, я умею найти то, чему можно порадоваться			
33	Решив что-то сделать, я довожу начатое до конца			
34	Если человек роняет деньги, я поднимаю и возвращаю их ему			
35	Те, кто меня знает, говорят, что я стильный человек			
36	У меня симметричное тело	**Нет**	**Вполне**	**Да**
	Общее количество галочек в колонке			

	РАЗДЕЛ 3	**Вряд ли**	**Возможно**	**Конечно**
37	Я позитивно отношусь к жизни и умею ставить реальные цели. Я честолюбив			
38	Я готов разделить свои средства с партнершей			
39	Я знаю, что первое впечатление обманчиво			

40	Я стремлюсь зарабатывать больше			
41	Я понимаю, что уход за собой повышает мой статус в глазах других людей			
42	У меня нет секретов от партнерши. Я сторонник честности			
43	Если передо мной возникает препятствие, я могу найти способы его преодолеть			
44	Я стремлюсь повысить свою квалификацию			
45	Протяните руку перед собой и посмотрите на пальцы. Безымянный длиннее указательного?	**Длиннее**	Такой же	**Короче**
46	Каковы ваши доходы в сравнении со средним мужчиной?	**Низкие**	**Средние**	**Высокие**
	Общее количество галочек в колонке			

Результат

РАЗДЕЛ 1	**Вряд ли**	**Возможно**	**Конечно**
Общее количество галочек в колонке			
Умножить на	1	2	3
Результат по разделу 1			

РАЗДЕЛ 2	**Вряд ли**	**Возможно**	**Конечно**
Общее количество галочек в колонке			
Умножить на	1	4	6
Результат по разделу 2			

РАЗДЕЛ 3	Вряд ли	Возможно	Конечно
Общее количество галочек в колонке			
Умножить на	1	6	9
Результат по разделу 3			

	Вряд ли	Возможно	Конечно
Оцените результаты по каждому разделу и получите окончательный ответ			

СЛОЖИТЕ ВАШИ БАЛЛЫ = ОКОНЧАТЕЛЬНЫЙ ОТВЕТ = = ВАШ БРАЧНЫЙ РЕЙТИНГ

Анкета для женщин

	РАЗДЕЛ 1	Вряд ли	Возможно	Конечно
1	Если передо мной возникает препятствие, я могу найти способы его преодолеть			
2	Я умею посмеяться над собой			
3	У меня нормальный вес, соответствующий моему росту			
4	Я во всем стараюсь видеть хорошее			
5	Я умею слушать других			
6	Когда наступает черная полоса, я умею найти то, чему можно порадоваться			
7	Я люблю мужские шутки и смеюсь над ними			
8	Я регулярно занимаюсь спортом			
9	Я не делаю преждевременных выводов			

10	Те, кто меня знает, считают меня стильной женщиной			
11	Я сосредоточиваюсь на конкретном деле			
12	Находясь в группе успешных людей, я чувствую себя вполне комфортно			
13	У большинства из тех, кого я знаю, хорошее чувство юмора			
14	Те, кто меня знает, считают, что я — здравомыслящий человек			
15	Каков ваш рост в сравнении со средней женщиной?	**Невысокий**	**Средний**	**Высокий**
	Общее количество галочек в колонке			

	РАЗДЕЛ 2	**Вряд ли**	**Возможно**	**Конечно**
16	Мне нравится общаться с другими людьми и заводить друзей			
17	У меня чистая кожа и хорошая фигура			
18	Партнер для меня всегда важнее всех остальных мужчин			
19	Я легко схожусь с людьми и непринужденно начинаю разговор			
20	Я слежу за своей внешностью			
21	Я не делюсь с другими людьми личной информацией и не рассказываю о своих бывших партнерах			

22	Меня не волнует пристрастие мужчин к порнографии			
23	Я позитивно отношусь к жизни			
24	Я горжусь своей внешностью и слежу за ней			
25	Я не сразу соглашаюсь на секс с новым партнером			
26	Я знаю, как сделать так, чтобы мужчина в моем обществе почувствовал себя интеллигентным и значимым			
27	У меня симметричное лицо	**Нет**	**Вполне**	**Да**
	Общее количество галочек в колонке			

	РАЗДЕЛ 3	**Вряд ли**	**Возможно**	**Конечно**
28	Верность партнера для меня очень важна			
29	Я испытываю оргазмы			
30	У меня есть по крайней мере один комплект сексуального белья			
31	Я творчески отношусь к сексу и бываю его инициатором			
32	Соотношение между моими талией и бедрами около 70%			
33	Протяните руку перед собой и посмотрите на пальцы. Безымянный длиннее указательного?	**Короче**	**Такой же**	**Длиннее**
34	Вы выглядите моложе или старше своего возраста?	**Старше**	**На свой возраст**	**Моложе**
	Общее количество галочек в колонке			

Результат

РАЗДЕЛ 1	Вряд ли	Возможно	Конечно
Общее количество галочек в колонке			
Умножить на	1	2	3
Результат по разделу 1			

РАЗДЕЛ 2	Вряд ли	Возможно	Конечно
Общее количество галочек в колонке			
Умножить на	1	4	6
Результат по разделу 2			

РАЗДЕЛ 3	Вряд ли	Возможно	Конечно
Общее количество галочек в колонке			
Умножить на	1	6	9
Результат по разделу 3			

	Вряд ли	Возможно	Конечно
Оцените результаты по каждому разделу и получите окончательный ответ			

СЛОЖИТЕ ВАШИ БАЛЛЫ = ОКОНЧАТЕЛЬНЫЙ ОТВЕТ =
= ВАШ БРАЧНЫЙ РЕЙТИНГ

А теперь проверим результаты

Мужской рейтинг: 46 — 109
Женский рейтинг: 34 — 77

Это самый низкий брачный рейтинг, однако эти показатели легче всего улучшить — единственный путь ведет наверх! Люди, набравшие меньше всего баллов, не думают о своей внешности, статусе, способности заработать. Не думают они даже о собственном здоровье и благополучии.

Люди из этой группы привлекают точно таких же неудачников и вполне счастливы с ними. Потенциальные партнеры не видят никакой необходимости меняться и, скорее всего, не читают эту книгу.

Те, кто набрал максимальное количество баллов в этой категории, скорее всего, читают нашу книгу и хотят повысить свой брачный рейтинг, потому что хотят изменить свою жизнь.

Люди, попавшие в эту группу, могут повысить свой брачный рейтинг, поработав над теми сферами, в которых набрали меньше всего баллов. Можно записаться на курсы, прочесть полезные книги, пойти в спортивный зал, посетить психологический семинар и т.п. Этим людям нужно поверить в себя и начать работать над собой. Совершенствуя свои показатели в каждой сфере по отдельности, они могут заметно улучшить свою жизнь.

Мужской рейтинг: 110—215
Женский рейтинг: 78—150

Представители этой группы могут подняться выше или соскользнуть назад. Они могут иметь невысокий рейтинг, но, поработав над собой, быстро повышают свои показатели. Большая часть населения Земли относится именно к этой группе.

И многим здесь вполне комфортно, потому что тут больше всего возможных партнеров. Для того чтобы перейти на следующий уровень, нужно напряженно работать над собой. Но если захотеть, это вполне возможно. Самые качественные партнеры находятся на самых высоких уровнях.

Если человеку с таким рейтингом не нравится его внешность или другие данные, он может нанять персонального спортивного тренера, отправиться на семинар, прочесть книги, обратиться к стилисту, укрепить здоровье, записаться в клуб по интересам. Можно заняться благотворительностью, посещать курсы или проконсультироваться у психолога. Все это улучшит не только личную, но и профессиональную жизнь, что приведет к увеличению доходов и успеху в целом.

Мужской рейтинг: 216—258
Женский рейтинг: 151—180

Люди с таким рейтингом уверены в себе и добились успеха. Они знают, чего хотят от жизни, и добиваются этого. Их рейтинг редко понижается, разве что в моменты серьезных кризисов. Впрочем, они умеют быстро восстановить утраченное. Если у человека этой группы возникает проблема, он быстро понимает это и предпринимает меры по исправлению ситуации. Такие люди всегда располагают средствами. К этой группе относятся кинозвезды, миллионеры, мировые лидеры, руководители крупных корпораций — и самые желанные партнеры для длительных отношений.

РЕЗЮМЕ

Каким бы ни был ваш брачный рейтинг, это не постоянная величина. Вы можете улучшить свой рейтинг, поставив себе задачу повысить свою желанность и предприняв соответствующие действия. Окружающих привлекает не только ваша внешность, но еще и отношение к жизни, образ мыслей и действий. Преисполнившись решимости, можно подняться практически до любого уровня привлекательности. Вы всегда можете найти себе качественного партнера. Многих вполне устраивает их рейтинг. Но не забывайте, что вы будете счастливы лишь с тем партнером, рейтинг которого не превышает ваш.

Если же вам нужен лучший партнер, то проанализируйте свои ответы на вопросы анкеты и решите, что делать дальше.

КАК НАЙТИ ИДЕАЛЬНОГО ПАРТНЕРА

К 2009 году население Земли составляло 6,744 миллиарда человек. 50,5% из них мужчины, а 49,5% — женщины. 3,8 миллиарда человек находились в возрасте от 18 до 60 лет. Даже если предположить, что 80% из них приходится на страны третьего мира, сидит в тюрьме или психбольнице или просто недоступны, все равно остается 380 миллионов нормальных представителей противоположного пола. Примерно каждый пятидесятый такой представитель вам вполне подходит, а значит, на Земле проживает 7,6 миллиона человек, которые могут заставить ваше сердце биться чаще. Если хотя бы у каждого пятого из них ценности и убеждения совпадают с вашими, то в вашем распоряжении 1,52 миллиона идеальных партнеров, которые только и ждут встречи с вами.

Поиск идеального партнера — все равно что торговля. С чем большим количеством покупателей вы встретитесь, тем выше вероятность заключения выгодной сделки. В торговле типичное соотношение для товара стоимостью 1000 долларов составляет **5:4:3:1**. Это означает, что на каждые:

5 покупателей, обратившихся к продавцу,

4 вступят в разговор,

3 прослушают всю предложенную им информацию и

1 согласится сделать покупку.

Лучшие торговцы мира не тратят свою жизнь на то, чтобы дождаться единственного покупателя, они находят всех пятерых человек и вступают с ними в контакт.

Успех торговца определяется тем, насколько часто он вступает в контакт с пятью новыми покупателями, а не тем, сколько людей покупает у него товар. То же самое справедливо и для влюбленных. Успеха добиваются не те, кто сидит дома и ждет прекрасного принца или принцессу. Нужно проявлять активность и встречаться с как можно большим количеством людей. Проще говоря, нужно быть максимально общительным человеком. Как уже было сказано, в мире живет 1,52 миллиона потенциальных идеальных для вас партнеров, но в данный момент они не подозревают о вашем существовании. Вам просто нужно их найти.

Встретить идеального партнера или партнершу в пабе или ночном клубе вряд ли удастся, потому что в такие места люди ходят для того, чтобы найти случайных партнеров, а не спутников жизни.

Выберите что-то такое, чему вам хотелось бы научиться, — например, дайвинг, — а затем запишитесь в группу и совершайте вылазки по выходным. Вы овладеете полезным навыком и познакомитесь с массой новых людей. Запишитесь на курсы того, что вас давно интересовало, но вы никак не могли найти времени, чтобы заняться этим как следует. Вы можете научиться рисовать, танцевать, фотографировать или делать еще что-нибудь замечательное и интересное. Вы встретитесь с людьми, с которыми мгновенно установится полное взаимопонимание — ведь вас объединяют общие интересы. Вполне возможно, что их убеждения и ценности тоже совпадают с вашими. У вас появятся новые друзья любого пола, которые могут познакомить вас со своими друзьями. Круг общения невероятно расширится.

*Поиск партнеров — все равно
что торговля. И то и другое —
числовая игра.*

Никогда не записывайтесь в клуб или на курсы только для того, чтобы найти партнера. Главное — это составить план и придерживаться его. Чем более напряженно вы будете работать, тем скорее найдете идеального партнера.

КАК РАЗ И НАВСЕГДА ИЗМЕНИТЬ СВОЮ ЛИЧНУЮ ЖИЗНЬ

А теперь мы собираемся предложить вам начать управлять своей личной жизнью и перестать полагаться на случай. То, что вы сейчас прочтете, может изменить вашу жизнь раз и навсегда. Вы никогда не составляли список целей, которых вам хотелось бы достичь? Наверняка да, потому что бизнес без подобных списков существовать просто не может. Если у вас есть список целей, то очень скоро путь к достижению этих целей материализуется. Как только вы решили купить, к примеру, синюю «Тойоту», то сразу начинаете замечать такие машины повсюду. Так этот принцип и работает. Вы обращаете внимание и усваиваете менее 5% происходящего вокруг вас, иначе ваш мозг испытал бы перегрузку из-за избытка информации, с которой он не в состоянии был бы справиться. Поэтому мозг человека активно ищет только те данные, которые связаны с вашими ценностями, а на все остальное не обращает внимания. Как только вы принимаете решение что-то сделать или чего-то достичь, то сразу же начинаете обращать внимание на полезную информацию — в газетах, по телевизору, в журналах, в разговорах окружающих. Представьте, что вы прочли газету, а потом кто-то спрашивает вас: «Вы читали статью такого-то?» Вы никак не можете припомнить, поэтому берете газету снова и обнаруживаете, что эта статья занимала в ней целую страницу. Но тема статьи не входила в список ваших приоритетов, поэтому ваш мозг ее просто не заметил.

А теперь мы предлагаем вам составить список характеристик и качеств идеального спутника жизни. Не идите на компромиссы. Зачем идти на компромиссы, если в мире для вас есть полтора миллиона потенциальных идеальных партнеров? Но при этом оставайтесь реалистом — нет смысла желать Брэда Питта или Элль Макферсон, если вы сами не соответствуете их уровню. Мозг помогает нам влюбляться в тех, кто по привлекательности, интеллигентности, статусу и «брачному рейтингу» похож на нас, и не стремиться к недостижимому. Мы обещаем вам — что бы вы ни написали в своем списке, это тут же начнет бросаться вам в глаза. Подобный метод еще никого не подводил.

Как этого добился Роберт

Вот список, составленный одним из наших читателей, Робертом, прямо на семинаре:
— высокая, голубоглазая блондинка
— спортивная, с хорошей фигурой
— с хорошим чувством юмора
— внимательная, уважающая личные границы
— не слишком меркантильная
— потенциально заботливая мать
— ценящая партнера превыше всего
— настоящая шлюха в спальне.

Для Роберта женщина, обладающая подобными качествами, была бы идеальной партнершей. Составляя список, Роберт чувствовал себя неловко, но был готов к этому. Он всегда составлял подробные списки для работы, но мысль о том, что так можно искать спутницу жизни, ему никогда не приходила в голову (вот почему все его личные отношения заканчивались катастрофами). Впоследствии он рассказывал, что стоило ему составить свой список, как идеальные женщины стали встречаться ему повсюду — точно такие, как он описал. То же самое начало происходить, когда он решил купить синюю «Тойоту». Список пожеланий к партнерше он носил с собой два года и постоянно встречался с женщинами, удовлетворяющими его критериям. Мы можем точно сказать, что если бы он не составил тот список, то никогда не нашел бы голубоглазую блондинку, на которой счастливо женат уже шесть лет.

«Я стоял в кафетерии, когда вошла Фиона, — рассказал он. — Как только я ее увидел, мое сердце замерло, а когда она заговорила, меня буквально парализовало. Я полез в карман и вытащил свой список! Это была женщина моей мечты! Она взяла кофе и села за столик. Я подошел, весь дрожа, и спросил: «Можно мне к вам присесть? Мне нужен ваш совет». Она ответила: «Конечно». Так у нас все началось. Я не знал, что сказать, потому что никогда так не знакомился. Я рассказал, что был на семинаре и там мы составляли список качеств идеальной спутницы жизни. Я попросил ее прокомментировать мой список. К счастью, я изменил формулировку последнего пункта — вместо «шлюхи в спальне» написал «тигрица в спальне» (я предполагал, что, возможно, придется показать этот список потенциальной партнерше). Фиона была приятно удивлена. Мой список ей польстил. Если бы я не составил тот список и не положил его в карман, то никогда не набрался бы смелости познакомиться с такой женщиной. Фиона просто вошла бы в мою жизнь и ушла из нее!»

«Мама всегда говорила мне, что
удержать мужчину очень просто...
Нужно быть горничной в гостиной,
кухаркой на кухне и шлюхой
в постели».

Джерри Холл

Если в вашем списке написано, что вы хотите найти рыжего партнера с зелеными глазами, то вы сразу же начнете видеть вокруг себя таких людей. Идея списка работает. Составьте его прямо сейчас и перестаньте полагаться на случай. Если вы встретите идеального партнера случайно, это хорошо, но не стоит делать случай своим единственным рабочим планом.

Чего хотела Сьюзен

Другая участница нашего семинара, Сьюзен, составила такой список качеств, которыми должен был обладать идеальный партнер:

— высокий
— стройный
— темноволосый
— кареглазый
— спортивный
— любящий активный отдых
— руководитель
— любящий детей
— любящий животных
— некурящий
— романтик
— честолюбивый.

Сьюзен прикрепила этот список к холодильнику, а копию положила в сумочку. Она регулярно просматривала свой список. В таком деле важно не просто составить список, но еще и постоянно с ним справляться, рассказывать о нем своим друзьям, чтобы они тоже начали искать подходящего для вас партнера. Список сэкономит вам время и избавит от нервотрепки, потому что вы будете точно знать, кто вам нужен. Если в вашей жизни появится человек, не соответствующий списку, вы просто не станете тратить на него время в надежде на то, что он изменится. Если же человек хотя бы на 70% соответствует списку и вы чувствуете, что можете смириться с отсутствием остальных 30% качеств, то попробуйте узнать его получше. Но если вы видите, что человек соответствует вашим критериям всего на 20%, забудьте о нем. Сьюзен говорила, что после составления списка была поражена — мужчины, отвечающие ее критериям, встречались практически повсюду: в супермаркетах, спортивном зале, на телевидении и даже на пешеходных переходах. Она запрограммировала свой мозг на поиск того, что было важно для нее. Вот почему эта идея эффективна.

Вы должны описать минимальные требования к постоянному партнеру. Если потенциальный партнер не удовлетворяет большей части или всем вашим критериям, ищите кого-нибудь другого.

КАК ОБРАЩАТЬСЯ СО СВОИМ СПИСКОМ

Грэм Стил — большой специалист в области соотношений и числовых игр в торговле и бизнесе. Когда в возрасте 50 лет он остался в одиночестве, то решил применить известные ему методы к тысячам брачных сайтов в Интернете и найти себе идеальную партнершу.

Результаты оказались настолько хорошими, что он написал об этом книгу — и встретил любовь всей своей жизни. В 2009 году мы побеседовали с Грэмом о том, как он применял числовые методы на брачном рынке. И вот что он нам рассказал:

«Во-первых, я составил точное описание женщины, которая была мне нужна.

Я уже был женат. У меня было много отношений, которые ни к чему не привели. Поэтому я решил, что должен на этот раз найти свой идеал, чтобы раз и навсегда завязать с этим делом».

Вот какими качествами должна была обладать идеальная партнерша Грэма Стила:
— возраст 25 — 45 лет
— элегантная
— спортивная и здоровая
— заботливая, любящая, внимательная
— некурящая
— с университетской степенью
— любящая музыку
— образованная и культурная.

«Составив этот список, я описал самого себя, стараясь быть максимально честным. Я ничего не преувеличил. Затем я выбрал свою хорошую фотографию и начал рассылать ее по брачным сайтам всего мира. Вскоре на меня посыпались ответы. Но если я хотел добиться желаемого результата, то должен был быть готовым к этому. Вскоре я проводил по 60 часов в неделю за компьютером. И это длилось почти три года. Я рассылал свое резюме, отвечал на полученные письма и общался с женщинами в чатах. Порой мне попадались весьма причудливые особы, мне было очень весело».

Вот что сделал Грэм:

1. Он просмотрел более 20 000 снимков и анкет на брачных сайтах.

2. Он получил около 1000 фотографий и полных

описаний различных женщин. Это составило около 5% от общего количества информации.

3. Он послал свою фотографию и описание этим 1000 женщинам. Ему ответили 30% из них (около 300).

4. По электронной почте он спросил, хотят ли они иметь детей. Большинство (285) ответило, что да.

5. Затем он послал этим 285 женщинам «убийственное письмо» — твердо сообщил, что не хочет иметь детей, так как их у него уже трое. Около 60% не согласилось на подобные отношения.

6. Таким образом, у Грэма осталось около 100 женщин, с которыми он мог развивать отношения. Это 10% из тысячи подходящих кандидаток.

7. С каждой из этих ста женщин Грэм начал общаться в Интернете, по телефону и электронной почте. 38 встретились с ним лично. Их отношения или укрепились, или прекратились.

8. Из ста женщин Грэм пригласил 24 иностранки провести с ним отпуск в Брисбене, Австралия, при условии, что они оплатят билет на самолет, а он возьмет на себя остальные расходы. Согласились 16 женщин.

9. Эти же 16 женщин согласились заняться сексом до брака. Если бы они друг другу не подошли, то все сразу стало бы ясно.

10. Женщины приехали отовсюду. Все отлично провели время. Некоторые были девственницами — такими и уехали («Это было мое решение»). Если в сексуальном отношении они не подходили друг другу, то Грэм считал дальнейшие отношения пустой тратой времени.

«Из всех женщин я сразу же выделил Эмму, еще до нашей личной встречи. Я точно помню тот день, когда она мне ответила. Была Пасха. Я восемь часов изучал женщин на сайте Match.com и в *тот день* отметил сто из них. Трое из той группы приехали ко мне в Брисбен, и одна из них была близка к идеалу. Вот только она была немного сурова, и я подумал, что с ней придется нелегко. А Эмма была просто идеальной. Когда она приехала в Австралию, мы сразу понравились друг другу. Вскоре мы обручились и в следующем году поженились. Это было девять лет назад».

Когда Грэм познакомился с Эммой, ему было 50 лет. Он занимался недвижимостью, увлекался игрой на гитаре и пением. Эмма оказалась 29-летней китаянкой с университетской степенью. Она полностью соответствовала списку Грэма. Она тоже играла на гитаре и училась играть на фортепиано. Когда мы разговаривали с Грэмом и Эммой, они были женаты и счастливы вот уже девять лет. Мы могли бы сказать, что перед нами люди, которые идеально подходят друг другу.

Мы спросили Эмму, как она относится к тому, что ее выбрали в такой «лотерее». «Грэм выбрал меня из двадцати тысяч других женщин, — ответила она. — Сколько женщин может похвастаться подобным? Не сомневаюсь, что я для Грэма — главное в жизни».

«Эмма — это та женщина, о которой я всегда мечтал, — сказал Грэм. — Большинству людей просто не хватает выбора, вот почему они не могут позволить себе быть настолько разборчивыми, как я. Нужно составить точный список того, что вам нужно, а потом в силу вступают правила числовой игры».

«Числовая игра с подготовленным списком приносит результаты. Дама в башне и рыцарь на белом коне существуют только в сказках».

Грэм Стил

Хотя многие могут счесть метод Грэма экстремальным, он доказывает, что при наличии четкого списка качеств, которыми должен обладать потенциальный партнер, и разумной оценки себя самого числовая игра в любви оказывается столь же эффективной, как и в бизнесе.

КОГО СЛЕДУЕТ ИЗБЕГАТЬ

В первую очередь вам не нужен человек, который ищет партнера под давлением или хочет схватиться за соломинку. Такие ситуации складывались у людей прежних поколений и были для них вполне эффективны в силу того, что их ожидания были значительно меньше, чем у наших современников. Эти люди имели по 6—12 детей. Их больше всего заботили вопросы выживания, а не удовлетворения эмоциональных потребностей друг друга. И сегодня встречаются люди, которые хотят, чтобы вы стали их партнером, потому что испытывают давление извне — например, со стороны семьи. «Настало время», «Все мои друзья уже женаты», «Пора и мне остепениться», «Я не найду никого лучше», «Если я не выйду замуж, он меня бросит», «Мечты можно и скорректировать», «Нужно родить ребенка, пока не стало слишком поздно» и так далее, и тому подобное. Вы слышали это много раз.

Вам не нужен навязчивый, зависимый партнер, которого легко распознать по 20 телефонным сообщениям в день с вопросом о том, где вы находитесь, по валу писем и подарков, по постоянному повторению того, что он не представляет себе жизни без вас, что у него ужасные личные отношения и что ему нужен выход. Другими словами, избегайте тех, кто хочет сделать *вас* ответственным за их счастье. Отвечать даже за собственное счастье нелегко, к чему же еще взваливать на себя чужие проблемы?

Такие люди готовы пообещать что угодно, лишь бы убедить вас в том, что союз с ними — это лучшее, что только можно придумать. Они подобны тем, кто покупает тренажеры, поддавшись ночной телевизионной рекламе. Эти люди отлично понимают, что подобная покупка — пустая трата времени и денег и что этот тренажер очень скоро навсегда обоснуется под кроватью.

Помните, что все отношения — не навсегда. Большая их часть — это лишь шаг к чему-то более серьезному и важному. Относитесь к личным отношениям так и не ищите совершенства в каждом партнере. Любое свидание — это приятное развлечение, которое может перерасти, а может и не перерасти в нечто серьезное.

ПРИЗНАКИ НЕПОДХОДЯЩЕГО ПАРТНЕРА

В целом можно сказать, что мужчинам нравятся женские тела всех форм и размеров, тогда как для женщин красота мужского тела вовсе не является главным приоритетом при выборе партнера. Тот, кто хочет, чтобы его партнер выглядел как с обложки гламурного журнала, не сможет прожить всю жизнь с обычным человеком, какими мы все в основном и являемся. Очень немногие в оценке своего брачного рейтинга набирают десятку. Такие люди привлекают аналогичных партнеров. Большинство же из нас несовершенны, поэтому и идеальные для нас партнеры тоже должны быть несовершенны. Вот почему нас тянет к тем, кто имеет такой же, как у нас, брачный рейтинг. Если рейтинг человека — 7, то он тянется к тем, кто оценивает себя в ту же семерку. Он может восхищаться и даже испытывать влечение к тем, кто имеет рейтинг 10, но в конце концов его партнером становится человек, имеющий рейтинг 7. Тот факт, что у каждого из нас есть недостатки, делает нас более реальными и человечными. В постоянных отношениях партнеры привязываются друг к другу еще больше именно из-за недостатков. Такова природа длительных отношений. Вот почему человек, который постоянно ищет и находит мелкие недостатки в потенциальном партнере, никогда не дойдет до стадии искренней привязанности. Это *неподходящий* партнер.

КОГДА СТРАСТЬ ОБМАНЫВАЕТ

Белла записалась в новый теннисный клуб. Ей очень понравились новые знакомые. Ее внимание сразу же привлек симпатичный парень, Сэм. Он всегда был душой любой компании. Белла провела в его обществе много времени. Он показался ей очень рациональным и интересным человеком, у них оказалось много общего. У обоих были одинаковые философские и духовные убеждения, оба любили активный отдых. Им нравилось общаться друг с другом. Оба достигли успеха на работе и были состоятельными людьми. Оба хотели к тридцати годам обзавестись детьми. Кроме того, Сэм был очень красив, и Белле нравилась его улыбка.

Она знала, что нравится Сэму, как и он ей. Но он никогда не приглашал ее на свидание — они всегда встречались в присутствии других людей. Белла решила, что в День святого Валентина пригласит Сэма куда-нибудь. Она это сделала, и он с энтузиазмом согласился. Белла заказала столик в ресторане, купила новое платье. Она была в восторге от того, что их отношения перейдут на другой уровень.

День святого Валентина прошел прекрасно. Ужин оказался очень романтичным. Ресторан закрылся в полночь, но Белле и Сэму не хотелось расставаться. Сэм предложил выпить кофе у него дома — Белла согласилась. Когда они оказались на диване, он обнял ее и страстно поцеловал. Но Белла ничего не почувствовала. Никакого возбуждения. Нулевая реакция. Все равно что целоваться с осьминогом. Белла решила, что пора уходить. По дороге домой Белла поняла, что в Сэме было все, что она хотела видеть в мужчине, но между ними не возникло страсти. Абсолютно никакой. Белле было грустно, потому что она думала, что Сэм ей идеально подходит. Они остались друзьями, но свиданий больше не устраивали.

Если человек не пробуждает в вас страсти, ваши отношения всегда будут спокойными, упорядоченными и разумными. Именно способность пробудить страсть в партнере является основой для длительного влечения и желания. Существует два типа химических реакций — естественные и искусственные. Естественная страсть возникает, когда срабатывают врожденные факторы — различия иммунных систем, феромоны и критерии любовной карты. Страсть сохраняется, когда оба партнера постоянно работают над тем, чтобы не дать ей угаснуть.

ПРАВИЛО ДЕВЯТИ ПРОЦЕНТОВ

Психологи-эволюционисты Питер Тодд из Университета Индианы и Джеффри Миллер из Университета Нью-Мексико использовали компьютерную модель для определения того, как на вечеринке человек делает выбор из примерно ста потенциальных партнеров. Они выяснили, что к тому моменту, когда он пообщается с девятью людьми из этой сотни, он уже окончательно утверждается в своем выборе. Это означает, что на вечеринке, где присутствует 100 потенциальных партнеров, вам достаточно поговорить с первыми девятью, выбранными случайным образом, чтобы сделать окончательный выбор. Если вы пообщаетесь меньше чем с 9%, то не получите достаточной для разумного выбора информации. Встретьтесь с бо́льшим количеством, и вы наверняка совершите правильный выбор. Этот интересный эксперимент убеждает нас в одном: если время у вас ограничено, не погружайтесь в бесконечный поиск, потому что вы либо упустите время, либо возможного партнера. Проанализировав 9% доступных вариантов, вы уже можете сделать разумный выбор.

РЕЗЮМЕ

Для того чтобы узнать человека по-настоящему, нужен год и несколько хороших ссор. Поиск подходящего партнера — это логический процесс, к которому нужно подходить так же, как к подбору сотрудника на высокооплачиваемую должность. Никогда не принимайте на себя обязательств на ранних стадиях отношений только потому, что вы безумно влюблены. Скорее всего, в вас говорит не разум, а гормоны. Со временем уровень гормонов понизится, и перед вами предстанут холодные факты. Только тогда вы поймете, сможете ли прожить с этим человеком всю жизнь. Не правильнее ли было бы провести эту оценку *до* того, как отношения зайдут слишком далеко?

Это ваша жизнь, и только вы отвечаете за нее. Слова о том, что истинную любовь находишь тогда, когда не ищешь, — это величайшее заблуждение. Старое клише мешает вам предпринять активные шаги по улучшению своей любовной жизни. Забудьте о нем. Составьте минимальный список качеств, которыми должен обладать подходящий вам партнер, и придерживайтесь этого списка. Не берите на себя обязательств на ранних этапах отношений, никогда не удовлетворяйтесь посредственностью — и не позволяйте потенциальному партнеру относиться к вам так же. Если вы чувствуете, что человек может сделать вашу жизнь простой и веселой, развивайте эти отношения. Если это не так, но вам все равно комфортно, сохраняйте отношения до тех пор, пока они себя не исчерпают, а потом идите дальше. Никогда не используйте человека в качестве запасного варианта, пока на горизонте не появится подходящий партнер. Такой подход приносит больше страданий, чем наслаждения, и мешает сосредоточиться на том, что действительно важно. Кроме того, это оскорбительно для другого человека.

Составьте подробный список того, чего вы хотите от идеального партнера, а потом начните общаться с максимально возможным количеством людей. Играйте в числовую игру. Зачем удовлетворяться посредственностью, если в мире живет 1,52 миллиона идеально подходящих вам партнеров? Нужно быть активным и вращаться среди них. Не ждите, пока вас кто-то найдет.

Чтобы отыскать своего принца или принцессу, придется поцеловать немало лягушек. Преисполнитесь решимости реализовать свою мечту и начните работать ради этого. Начинайте прямо сейчас — составьте свой список.

> *Многие считают, что есть только один идеальный партнер, который поджидает их где-то на этой земле. На самом деле идеальных партнеров для каждого из нас более 1,52 миллиона.*

* Работайте над своим брачным рейтингом и ищите партнеров с таким же рейтингом, как у вас.
* Сосредоточьтесь на поиске подходящего партнера — составьте список и помните о нем.
* Если страсть не возникла, двигайтесь дальше.
* Не сдавайтесь! В мире множество людей, которые идеально вам подходят.

Глава 8

15 МУЖСКИХ ЗАГАДОК, КОТОРЫХ ЖЕНЩИНЫ НЕ ПОНИМАЮТ

Следующие две главы посвящены мужчинам и женщинам, их пристрастиям и желаниям. Если вы женщина, то некоторые факты о мужчинах могут вас удивить, шокировать и даже разозлить. Очень важно понять, что мы будем говорить обо всем откровенно и прямолинейно, не пытаясь быть политкорректными и не стараясь угодить читателям. Реалистическое представление о противоположном поле сделает вашу жизнь проще и приятнее.

В женщинах мужчин многое раздражает, беспокоит и приводит в ярость. Но главная проблема — секс. Мужчины хотят секса всегда. Существует множество статистических данных, которые показывают, что 40-летний

217

мужчина думает о сексе каждые четыре минуты, а 18-летний — каждые одиннадцать секунд. Ученые Института Кинси при Университете Индианы утверждают, что 54% мужчин думают о сексе по меньшей мере каждый день, 43% думают о сексе несколько раз в неделю или в месяц и 4% — раз в месяц или реже. А вот женщины думают о сексе редко — и то только тогда, когда им абсолютно нечем заняться.

Секс часто становится основной причиной напряжения, возникающего между мужчинами и женщинами, — и в постоянных отношениях, и в обычной жизни. Все исследования показывают, что секс является главной проблемой в семьях, где партнерам трудно общаться друг с другом. Порой эта проблема связана с разным уровнем желания, разным временем возникновения этого желания или просто с тем, что один из партнеров перестает привлекать другого. Когда речь заходит о сексе, мужчины обычно говорят, что им его не хватает, а женщины жалуются на то, что секса слишком много. Зададимся вопросом: это недостаток секса ведет к плохим отношениям или плохие отношения приводят к недостатку секса? Судя по всему, справедливы оба предположения.

Вполне разумно будет предположить, что сексуальные инстинкты мужчин сохраняются неизменными в каждом поколении. Отрицать этот факт — значит порождать проблемы в отношениях. Сжимая воздушный шар, вы не выдавливаете из него воздух. Просто меняется форма шара, и воздух переходит в другую область.

1. ПОЧЕМУ ПО УТРАМ МУЖЧИНЫ ПРОСЫПАЮТСЯ С ЭРЕКЦИЕЙ

Любая женщина, которая когда-либо имела любовные отношения с мужчиной, знает, что будильника ей не нужно. Как только встает солнце, встает и пенис, который утыкается ей в спину. Это происходит по двум причинам. Во-первых, уровень тестостерона в мужском организме на восходе достигает пика — наступает время отправляться на охоту. К закату уровень снижается до минимума. Природа дает мужчине последнюю возможность передать свои гены — вдруг он не вернется с охоты. Во-вторых, эректильные нервы, которые поднимают пенис, сосредоточены вокруг предстательной железы, расположенной прямо под мочевым пузырем. Полный мочевой пузырь давит на эректильные нервы, и пенис поднимается. Поскольку на восходе мужчина не возбужден ни психологически, ни визуально, то по утрам женщина может рассчитывать лишь на небольшой блиц, чтобы мать-природа успела выполнить свою утреннюю задачу.

Боб проснулся в шесть утра из-за того, что жена тыкала его в спину палкой от швабры. «Что происходит?» — спросил он. «Попробуй и ты для разнообразия!» — ответила жена.

2. ПОЧЕМУ СЕКС ДЛЯ МУЖЧИН МОЖЕТ БЫТЬ ПРОСТО СЕКСОМ

Профессора Ракель и Рубен Гур с медицинского факультета Университета Пенсильвании обнаружили, что передняя комиссура, которая соединяет левое и правое полушария мозга, у мужчин на 12% меньше, чем у женщин, а мозолистое тело, позволяющее полушариям обмениваться информацией между собой, у мужчин имеет на 30% меньше связей, чем у женщин. Вот почему мужчины предпочитают одновременно не заниматься несколькими делами. Представьте мужской мозг в виде мелких сот. Каждая сота отвечает за определенный навык и функционирует независимо от других. Поэтому чем бы мужчина ни занимался, в отдельно взятый момент времени он занимается только одним делом и целиком сосредоточивается на нем, что несвойственно женщинам. Подобный «монотрекинг» позволяет мужчине сосредоточиться *либо* на сексе, *либо* на любви. Секс — это только секс, а любовь — это только любовь. Иногда эти процессы совпадают. Поэтому мужчины вполне в состоянии заниматься тем, чего женщины не понимают: заниматься сексом с женщинами, которые им не нравятся.

Как приятно быть мужчиной: нравится женщина или нет — а секс все равно классный!

Мужчина вполне может заняться сексом, а потом забыть об этом. Ему не нужно ничего обсуждать или повторять — разве что захочется похвастаться перед друзьями. Когда жена спрашивает изменившего ей мужа, почему он занимался сексом с другой женщиной, он абсолютно искренне отвечает ей: «Но ведь это же был просто секс!» Мужской мозг приравнивает секс к любому простому занятию — например, бритью. Побрившись, он не вспоминает об этом до следующего утра. Но женщина не в состоянии понять, что такое «просто секс». Для нее любовь и секс связаны неразрывно, и одно является следствием другого. Любовь равна сексу. Для женщины секс очень редко бывает просто сексом. Ей необходимы чувства. Если же чувств нет, то она занимается сексом для повышения самооценки. Даже если женщина хочет заняться сексом ради физического удовлетворения, она все равно ищет мужчину, который удовлетворяет хотя бы части ее требований к идеальному партнеру. У мужчины все не так: когда он хочет секса, ему нужен только объект. Мужчины с легкостью отделяют секс от любви.

Мужчина не может заниматься
сексом и одновременно отвечать
на вопросы. Так что, женщины,
не разговаривайте, пожалуйста,
в постели!

На подсознательном уровне большинство женщин это понимает, однако этот аспект поведения мужчины все равно их огорчает, равно как расстраивает их привычка мужчин посматривать на других женщин, листать каталоги эротического белья и смотреть порнографические фильмы. Женщины продолжают жаловаться на то, что «ему от меня нужен только секс» или что «он пристает ко мне с грязными предложениями».

3. «КОМНАТА ДЛЯ НИЧЕГО»

Как мы уже говорили, мужской мозг подобен сотам. Он состоит из отдельных «комнаток», и каждая «комнатка» отведена для особой функции. Одна посвящена пространственным навыкам, другая — речи, третья — любви и т.п. Но у большинства мужчин есть особая «комната», назначение которой недоступно многим женщинам. Это «комната для ничего». Название в точности описывает происходящее в этой комнате — в ней не происходит ничего. Эта пустая комната является любимым местом большинства мужчин. Туда погружается любой мужчина во время рыбалки, просмотра телевизора или просто сидения в кресле с бессмысленным выражением лица. У этой «комнаты» есть четкое предназначение — она помогает мужчине восстановить ментальную энергию. Мужчине нужно четыре-пять раз в день погружаться в короткую медитацию. Он удаляется в «комнату для ничего», чтобы восстановить свои силы. У женщин такой потребности нет. Поэтому, заметив мужчину в подобном состоянии, они часто спрашивают: «О чем ты думаешь?» Когда мужчина отвечает: «Ни о чем», женщина начинает подозревать его во лжи и обвинять в том, что он что-то утаивает от нее. А мужчине всего лишь нужно было десять минут отдыха, но это его желание совершенно неожиданно превратилось в ссору из-за ничего. Когда мужчина говорит, что ни о чем не думает, это чистая правда. В такие моменты он «глух и нем», так что не стоит обсуждать с ним что-то важное — лучше просто напишите ему записку.

4. ПОЧЕМУ МУЖЧИН ТАК ПРИВЛЕКАЕТ ЖЕНСКАЯ ГРУДЬ

Страсть мужчин к женской груди ставит в тупик женщин всего мира. Увеличение груди — это самая распространенная пластическая операция, из чего можно сделать вывод о том, что именно грудь привлекает мужское внимание.

Грудь и ягодицы есть только у женщин. У самок других приматов молочные железы спрятаны внутри груди, а наружу выступают только длинные соски для кормления. Женская грудь преимущественно состоит из жира, который не служит никакой определенной цели — или служит? Подобно большинству млекопитающих, некогда человеческие самцы овладевали своими самками сзади. Мясистые ягодицы самок служили сигналом. Когда люди поднялись на две ноги и взглянули в лицо друг другу, сигнальную роль стала играть грудь. Она имитировала округлые ягодицы, которые некогда привлекали самцов. Скорее всего, современные женщины, надевающие специальные бюстгальтеры и вставляющие в грудь имплантаты, об этом даже не подозревают. В свое время мы показывали мужчинам фотографии, на которых было трудно определить разницу между ложбинкой между грудями и ягодицами. Никто из мужчин разницы не заметил, но все сказали, что фотографии их весьма возбуждают.

Ну что, дамы, вы все еще хотите соблазнять мужчин своей грудью? Это совсем не обязательно. Мужчину не нужно соблазнять. Он соблазнится сам.

5. ПОЧЕМУ МУЖЧИНЫ НЕ ГОВОРЯТ ЖЕНЩИНАМ ПРАВДУ О СЕКСЕ

Чтобы не нарываться на ссору, мужчины чаще всего говорят женщинам то, что те хотят услышать. Становясь старше и опытнее, мужчины все лучше лгут женщинам о любви и сексе. И это происходит не потому, что мужчины хотят лгать. Просто, услышав правдивый ответ на свой вопрос, женщина наверняка расстроится. Хотя мужчины будут это отрицать, но они отлично умеют врать женщинам, а женщинам их вранье очень нравится. С мужской точки зрения, ложь во спасение, полуправда или внушающее доверие утверждение (например, что ему никогда не хотелось заниматься сексом ни с кем другим) — отличный и безопасный способ обеспечить себе сон в супружеской постели, а не на коврике у двери. Когда мимо проходит женщина с выдающейся грудью, мужской мозг тут же реагирует на это выбросом допамина, и мужчине становится хорошо. Его тело самой природой запрограммировано на подобную реакцию, которая никоим образом не связана ни с любовью к партнерше, ни с другими его чувствами. Когда партнерша обвиняет мужчину в том, что он пялится на других женщин, его первая реакция — отрицание. «Дорогая, я вовсе не пялился», «Ты гораздо красивее ее», «Зачем

мне на кого-то пялиться, когда у меня есть ты?» — и так
далее и тому подобное. Вы наверняка не раз такое слышали. Обрушиваясь на мужчину с обвинениями, женщина сама подталкивает его ко лжи. Мужчина просто
хочет избежать негативных последствий правды и защитить чувства женщины.

> *«Я не пялился на ее грудь, дорогая, —
> она просто загородила мне вид!»*

Исследования показывают, и мы писали об этом в
книге «Почему мужчины врут, а женщины ревут», что три
из четырех женщин обманывали мужчин, чтобы получить
выгоду или преимущество. 73% женщин говорят, что
флиртовали с мужчиной или намекали на возможность
секса с той же целью. При этом только половина мужчин
сознавала, что их обманывают. 71% мужчин признались в
том, что лгали женщинам ради того, чтобы заняться сексом, — например, преувеличивали роль конкретной женщины в своей жизни или говорили «я тебя люблю», хотя
на самом деле это было не так. Но 97% женщин сказали о
том, что отлично понимали мужскую ложь.

Если женщина приучает мужчину лгать по мелочам, он очень скоро начинает врать по-крупному. Даже если женщина не признается себе в этом, ей спокойнее, когда мужчина лжет относительно секса. Мужчины очень быстро понимают, что с женщиной нужно говорить на ее языке — так ее легче удержать при себе, при этом не пуская дальше, чем следует.

Самое большое мужское вранье о сексе и любви

Все то, что вы прочитаете ниже, мужчины во всем мире говорят женщинам, понимая, что последствия правды будут слишком печальными. Когда мы попросили женщин прокомментировать эти фразы, 75% из них сказали, что мужчины никогда не говорили им ничего подобного. Однако 85% мужчин признались, что в личных отношениях не раз говорили это своим партнершам.

«Я тебе никогда не изменял». Даже если сама Скарлетт Йоханссон обнаженная упадет к его ногам, он сумеет сохранить верность. Утверждать это вполне безопасно, потому что подобная возможность вряд ли когда-нибудь представится.

«Я бы никогда не пошел/никогда не был в стрип-клубе». Учитывая то, как сурово следят за мужчинами женщины и общество, ни один мужчина в таком не признается. Однако мужчины с удовольствием занялись бы сексом с этими симпатичными стриптизершами.

«Я таким не занимаюсь». Мужчины часто повторяют это, когда женщина выражает отвращение, увидев на телеэкране грязный секс. То же самое он говорит, когда женщина спрашивает, не хочется ли ему чего-нибудь необычного в постели. На самом-то деле он был бы не прочь попробовать.

«Я никогда и не думал о том, чтобы переспать с твоими подругами». Ну, конечно, нет, особенно с той красоткой со спортивной фигурой и большой грудью. Мужчина всегда думает об этом, даже если подруги красотой не отличаются. Это не означает, что он готов это сделать, но, нравится вам это или нет, такая мысль его посещала.

«Меня не интересует порнография». Конечно, не интересует. Значит, вам попался единственный мужчина в мире, который никогда не вносил свою лепту в многомиллиардный бизнес интернет-порнографии. По некоторым оценкам, 68% посещаемых в Интернете сайтов является порнографическими. А ваш мужчина никогда там не бывал? Легче поверить в Санта-Клауса, чем в нечто подобное.

«Я никогда не думал о том, чтобы трахнуть симпатичную секретаршу». Да, с той минуты, когда видел ее в последний раз. То, что вы называете ее «дешевой шлюхой», только прибавляет ей привлекательности в его глазах, потому что шлюху легче уговорить на секс.

«Я счастлив прожить с тобой всю жизнь». Нет, он не счастлив, но готов на это в обмен на регулярный секс, вкусную еду, чистый дом и выглаженные рубашки. Впрочем, все это — только до более привлекательного варианта.

«Я вовсе не думаю о том, чтобы заняться сексом с каждой встречной женщиной». Он не только мысленно раздевает каждую увиденную женщину, но еще и представляет ее в самых разных позах. Порой он даже думает об этих женщинах, занимаясь сексом с вами. Конечно же, он будет это отрицать.

«Я бы никогда не стал тебе врать». Он скажет вам все, что угодно, лишь бы избежать слез и ссор. Если вы обнаружите ложь, он скажет, что это было необходимо, потому что вы не вынесли бы правды.

«Я не пялился на ее грудь». Ну, конечно, он на нее пялился, но солгал, чтобы избежать неприятностей. Женщины не в состоянии вынести правду, помните?

Мужчины предпочли бы всегда говорить женщинам правду, но им не хочется связываться с последствиями.

Любая женщина, прочитавшая все вышесказанное, наверняка воскликнет: «Нет! Ко мне это не относится! Авторы все переврали!» Увы... мы опирались на научные данные, к тому же один из нас (авторов) мужчина. Большинство мужчин могли бы подтвердить вам нашу правоту или рассказать уместный анекдот. Но ни одной женщине, которая может оказать им полезную услугу, они в этом не признаются.

В заключение можно сказать, что большинство мужчин сделают и скажут все, что угодно, лишь бы женщина была счастлива, спокойна, не приставала к ним и почаще соглашалась на секс. Мужчины готовы очаровывать женщин своей искренностью, осыпать комплиментами и знаками внимания, поражать добротой и романтичностью — и все для того, чтобы привлечь ее внимание и уложить в постель. Женщины называют это мужское качество неискренностью и манипуляцией, но мужчины считают его проявлением самообороны. Это качество нельзя назвать ни плохим, ни хорошим — просто оно таково. Вы должны принять его и общаться с мужчинами с учетом этой их особенности. Помните, что любые отношения всегда основываются на обмене товарами и услугами.

Почему мужчины хотят секса, а женщины любви

6. ПОЧЕМУ МУЖЧИНЫ ЛЮБЯТ ПЫШНОТЕЛЫХ ЖЕНЩИН

На протяжении веков художники изображали женщин с фигурами в виде песочных часов. Главное, что привлекает мужчин, — это изгибы женского тела, а не вес и не количество жира.

Во время полового созревания повышение уровня эстрогена у девушек приводит к накоплению жировых отложений на бедрах. Этот жир в трудные времена и во время грудного вскармливания может стать источником питательных веществ. Психолог Девендра Сингх, проведя ряд исследований, доказал, что точным показателем женского репродуктивного статуса является соотношение между талией и бедрами от 0,67 до 0,8. Неудивительно, что именно такое соотношение наиболее привлекательно для мужчин. То есть объем женской талии должен составлять 70% от объема бедер. Сингх исследовал привлекательность женских фигур для мужчин. Женщины, у которых имелось такое соотношение между талией и бедрами, всегда оказывались наиболее привлекательными, несмотря на свой вес. Другими словами, мужчины считают привлекательными и полных женщин, если у них объем талии составляет 0,7 от объема бедер.

Сингх изучил развороты «Плейбоя» за тридцать лет и выяснил, что, хотя с годами женщины на разворотах стали стройнее, 70%-ное соотношение между талией и бедрами сохранилось неизменным. Более высокий процент говорит о снижении плодовитости и ухудшении здоровья. О том же говорит и более низкий процент. Неверное соотношение — признак того, что у женщины гораздо меньше шансов забеременеть и успешно сохранить мужские гены.

Мы изучили картины старых мастеров и обнаружили, что, хотя их модели значительно крупнее современных, соотношение в 70% соблюдается очень строго.

В Британии был проведен опрос, в котором приняли участие 500 человек. 87% мужчин сказали, что им нравятся пышные женщины, имеющие вес, соответствующий их росту. Подавляющее большинство мужчин предпочитает пышных женщин худышкам. Только 8% признались в том, что любят «очень худых, на грани истощения» женщин, тогда как 92% отдали предпочтение «пышным, роскошным» дамам. Интересно, что практически то же самое сказали и женщины. 88% из них считают, что мужчины предпочитают пышных дам худым. Когда речь заходит о красоте женского тела, мужчины всегда обращают внимание на формы, а не на вес.

7. ПОЧЕМУ ТОЧКА G — ВСЕ РАВНО ЧТО НЛО

НЛО — таинственный объект, о котором все слышали, но никто его не может найти. Точка G — это группа нервных окончаний площадью 3×2 см на передней стенке влагалища. Здесь пересекаются нервные окончания клитора. У некоторых женщин эта точка отличается повышенной чувствительностью, у других ее реакция слабая или отсутствует вовсе. Эту точку «открыл» доктор Эрнст Графенберг в 1950 году — он никогда не рассказывал, как произошло это открытие.

Наиболее распространенная сексуальная позиция у супружеских пар — партнер сзади. Она позволяет женщине отвернуться и изображать из себя труп.

Поскольку большинство мужчин не представляет, где находится точка G, женщине нужно самой показать ее партнеру и объяснить, что с ней делать.

8. ПОЧЕМУ ДЛЯ МУЖЧИН ТАК ВАЖНО, ЧТОБЫ ЖЕНЩИНА САМА СТАНОВИЛАСЬ ИНИЦИАТОРОМ СЕКСА

Обращаться к женщине с просьбами — большой риск. Большинство мужчин при этом очень нервничают, поскольку любой отказ равносилен неудаче и провалу. Если женщина отказывает, мужчина чувствует себя уничтоженным. В царстве животных самцы просто демонстрируют самкам свои половые органы, чтобы склонить их к сексу. У животных самки не хохочут, не отворачиваются и не твердят, что у них болит голова. А вот мужчины сталкиваются с подобными ситуациями постоянно. Вот почему большинство мужчин обожает, когда их женщины сами становятся инициаторами секса. Это избавляет их от необходимости просить о сексе и позволяет почувствовать себя любимыми и желанными. Чтобы добиться этого, мужчины становятся более внимательными и заботливыми, и тогда женщины с большим удовольствием и гораздо чаще инициируют секс. Нежный мужчина может получить гораздо больше, чем тот, который просто предлагает заняться сексом.

Большинство женщин предпочли бы, чтобы мужчины понимали их намеки, но лишь немногие из них решаются сказать об этом прямо. Женщины считают, что любящий мужчина понимает их без слов, но это лишь окончательно запутывает несчастных мужчин.

....

Мужчина — как хорошее вино. Он вырастает зеленым, как молодой виноград. Задача женщины — потоптаться на нем, а потом подержать в темноте, пока он не созреет и не превратится в нечто такое, с чем можно поужинать.

....

Аллан и Барбара Пиз

9. ПОЧЕМУ МУЖЧИНЫ ТАК НЕПРАВИЛЬНО ВСЕ ПОНИМАЮТ В НОЧНЫХ КЛУБАХ

Женщины, которые так откровенно танцуют в ночных клубах, делают это, чтобы дать мужчинам понять, что для подходящего человека они вполне доступны. Мужчины же понимают это так, что они доступны для всех и каждого. Это становится причиной конфликта, потому что мужчины и женщины по-разному понимают женскую доступность. Проблема заключается в том, что мужчины начинают действовать на основании своих предположений и часто принимают дружелюбие за сексуальную доступность. Исследование, проведенное в 1982 году доктором Антонией Эбби из Университета Уэйна в Детройте, и более поздние эксперименты психологов Зааля, Джонсона и Вебера из Университета Канзаса это подтверждают. С помощью актеров они провели такой опыт. Молодая женщина приходила в кабинет мужчины-начальника, чтобы обсудить деловой вопрос. Актерам предложили вести себя дружелюбно, но ни в коей мере не флиртовать. Затем запись этой встречи показывали участникам эксперимента и просили оценить поведение актеров. Женщины сказали, что актриса пыталась быть дружелюбной (92%), не демонстрировала свою сексуальность и не пыталась соблазнить начальника (27%). Мужчины тоже сочли актрису дружелюбной (87%), но в то же время назвали ее сексуальной и соблазнительной (55%). Другими словами, мужчины вдвое чаще, чем женщины, приписывали актрисе сексуальные намерения, которых у нее не было. И вот на основании таких предположений мужчины часто действуют! С эволюционной точки зрения, подобное поведение имеет смысл, потому что, даже если у мужчины совсем мало времени, он все-таки может успеть передать свои гены. Психологи выяснили еще одну любопытную деталь. Если мужчина обнаруживает в женской сумочке презерватив, его уверенность в ее сексуальной доступности возрастает в четыре раза. Большинству женщин прекрасно это известно, и они используют этот факт в свою пользу.

10. КОГДА МУЖЧИНА ГОТОВ К ОБЯЗАТЕЛЬСТВАМ ИЛИ БРАКУ?

В биологическом смысле мужчина XXI века становится идеальным партнером, когда уровень тестостерона у него начинает снижаться. То есть где-то около 27 лет. В прошлом мужчины женились очень молодыми, поскольку секс был одним из преимуществ брака. Для современных молодых (и не очень молодых) мужчин секс больше не проблема. Они могут получить его в любом месте, в любое время и от самых разных женщин. Следовательно, современные молодые люди думают, к чему обременять себя обязательствами вечной верности, когда можно распространить свое семя по всему миру?

С 27 лет мужчины становятся более заботливыми и пассивными, поскольку соотношение между женскими и мужскими гормонами в их организме начинает меняться. Мужчину больше интересуют прочные отношения. Он начинает думать головой, а не членом. Он может позвонить женщине без всякого повода и даже отказаться от футбольного матча с приятелями, чтобы куда-нибудь сходить с ней. На этапах страсти и романтической влюбленности в организме мужчины повышается уровень мужских гормонов — поэтому он становится таким пылким и нетерпеливым. Он посылает женщине огромные букеты цветов прямо на работу, чтобы все знали об этом. Он заказывает романтические ужины в дорогих ресторанах. Он всячески демонстрирует свою любовь. Но после секса он превращается в парня, которому нужно как можно быстрее выскочить из постели и заняться чем-нибудь другим — смотреть телевизор, кому-нибудь звонить, чинить машину, посылать письма по электронной почте. А если этим заняться нельзя, то можно просто уснуть. Мужчина готов на что угодно, лишь бы не нежничать с женщиной в постели. Его мозг переходит в режим завершения сеанса: «Работа сделана, чего же тебе еще?» Такое обычно происходит после пяти занятий сексом с одной и той же женщиной. Мужской мозг подсознательно понимает, что пяти раз вполне достаточно, чтобы женщина забеременела. Вот почему — если только мужчина не любит женщину по-настоящему — к шестому разу он начинает терять к ней интерес, какие бы чудеса акробатики она ни демонстрировала.

> *После пяти сексуальных свиданий*
> *неподходящий партнер теряет*
> *интерес к партнерше.*

Феномен «пяти свиданий» проявляется и у других животных — овец, коров и свиней. После пяти спариваний с одной самкой самцы теряют к ней интерес. Даже если замаскировать самку всеми возможными способами, самцы не желают с ней спариваться. Но стоит им увидеть новую самку, и они вновь готовы к действию. Мать-природа знает, что делает. Она говорит: «Ты уже сделал все, что мог, пять раз. А теперь найди другую самку и продолжай распространять свои гены». Вот почему неподходящий партнер быстро теряет интерес к другому, перестает прилагать усилия и старается закончить роман.

Когда женщина вступает в брак, она хочет, чтобы партнер был чутким, нежным и деликатным. Что же она получает? Отрыжку, запах пота и перегар.

Мужчины, которые стремятся к длительным отношениям, часто вначале ведут себя точно так же, как и любители случайного секса. Но, перейдя на стадию искренней привязанности, они начинают задерживаться в постели дольше, разговаривают с партнершей, ласкают ее и проявляют другие признаки типично женского поведения.

11. ПОЧЕМУ ЗРЕЛЫЕ МУЖЧИНЫ СМЕЛО НОСЯТ ОБЛЕГАЮЩИЕ ПЛАВКИ И ГОРДО ДЕМОНСТРИРУЮТ ПИВНЫЕ ЖИВОТЫ

Женщины часто недоумевают, неужели мужчины не понимают, как нелепо они порой выглядят. Большинство женщин умело скрывают свои недостатки — в частности, живот. Они никогда не садятся в профиль в бикини, чтобы не было заметно крохотной складочки на животе. Однако на любом пляже всегда можно увидеть мужчин с животом девятого месяца беременности, которые смело улыбаются симпатичным девушкам и строят им глазки. Вы наверняка видели мужчин в облегающих плавках в окружении нескольких женщин, при этом плавки отнюдь не скрывали их плачевного состояния.

Мужчины всегда более высокого мнения о своей фигуре,
чем женщины

Мужчины отлично понимают, что их ценность на
брачном рынке в значительной степени зависит от их состоятельности, а не от внешности. Если женщина доби-
лась успеха и сама заработала средства, то ее состоятельность представляет для мужчин угрозу. А вот физическая красота и возможность родить ребенка рассмат-
риваются как бонус. Если женщине нужно носить черные
юбки, чтобы ее бедра казались у́же, то упитанному мужчине достаточно надеть «Ролекс» или сесть в «БМВ»,
чтобы стать Аленом Делоном.

12. МУЖЧИНЫ И ИХ ФЕТИШИ

Фетиш — это внешний стимул, который связывает
прошлый психический опыт с сексуальными ощущения-
ми. По большей части такое поведение связано с детст-

вом и юностью. Фетиш вызывает сексуальное влечение и заставляет человека следовать определенному сценарию. Фетишем может быть определенный предмет одежды, запах, цвет, ткань, полнота или зрелость. Для некоторых фетишем становится обувь, лосось, щиколотка или зубная щетка. Когда мужчины фантазируют, они представляют себе части тела, формы и позиции. Они не думают о замечательных домохозяйках, которые прекрасно поют или хотят мира во всем мире. Порносайты в Интернете заполнены фетишами любого вида и рода. 99% посетителей этих сайтов — мужчины.

Поскольку мужчин так возбуждают визуальные образы, более 90% так называемого «девиантного» поведения демонстрируют именно мужчины. Около 97% осужденных за подглядывание в чужие окна в США — мужчины. По той же самой причине мужчины ходят в стрип-клубы и рассматривают журналы со снимками обнаженных девушек.

Давным-давно мужчина попросил женщину выйти за него замуж. Она отказала ему, и он жил долго и счастливо, играл в гольф, пил пиво, ходил на рыбалку и делал все, что хотел, в любое время.

13. ИЗ-ЗА ЧЕГО МУЖЧИНЫ ВОЛНУЮТСЯ

Как и женщины, мужчины волнуются из-за своих недостатков, но не позволяют этому волнению управлять своей жизнью, как это часто бывает у женщин. Вот что больше всего волнует мужчин:

— Не слишком ли велик у меня живот?
— Не выгляжу ли я слишком
молодым/слишком старым?
— Достаточно ли я мужественен?
— Не лысею ли я?
— Добьюсь ли я успеха?
— Смогу ли я удовлетворить женщину
сексуально?
— Не слишком ли мал мой пенис?
— Смогу ли я обеспечить свою семью?
— Заработаю ли я достаточно денег?
— Будет ли женщина любить меня так
же, как я ее?

Все эти вопросы волнуют и беспокоят мужчин, но они редко говорят об этом с кем бы то ни было. И вы *никогда* не услышите, чтобы мужчины разговаривали об этом друг с другом. «Эй, ребята, вам не кажется, что я лысый, толстый неудачник с маленьким членом, да еще и одеваться не умею?» Мужчины не любят говорить кому-либо о своих промахах и неудачах. И вы тоже не должны говорить об этом, поскольку подобные разговоры уязвляют мужское эго и создают напряженность в отношениях.

14. ПОЧЕМУ МУЖЧИНАМ ТАК ТРУДНО СКАЗАТЬ: «Я ТЕБЯ ЛЮБЛЮ»

Большинство людей слышит фразу «Я тебя люблю» в самом начале отношений, когда в обоих партнерах играют гормоны и они с трудом вспоминают даже собственные имена. Женщина на этом этапе начинает демонстрировать инстинкты жены и хозяйки дома — покупать шторы, играть с плюшевыми медведями, готовить партнеру ужины, постоянно обращать внимание на пары с маленькими детьми и часто говорить о том, какой счастливой станет будущая совместная жизнь. Этот момент оказывается настолько пугающим для мужчины, что он начинает жалеть о том, что вообще произнес сакраментальную фразу. С последствиями этого заявления ему придется жить сегодня, завтра, а может быть, и всегда. Так что если мужчина не хочет склонить женщину к сексу и если в нем не играют гормоны, то он предпочитает не произносить этих слов.

Любовное правило для мужчин № 39
Никогда не критикуйте своих друзей
в разговоре с подругой или женой,
разве что от ваших слов зависит
возможность заняться с ней сексом.

Женщина сохраняет отношения с неподходящим ей мужчиной, питая иллюзию, что рядом с ней он изменится, что «любовь преодолеет все». Она отказывается замечать, что он плохо к ней относится и что совершенно ее не любит. Она даже не замечает, как всего за полгода из «прекрасной принцессы» превращается в «лягушку». Если женщина не уверена в мужской любви, то ей стоит спросить мнение своих ближайших подруг и настоять на том, чтобы они сказали ей правду. Просто позвоните подруге или встретьтесь с ней. Хотя женщины редко замечают недостатки в собственных отношениях, они отлично подмечают все плохое в отношениях других пар. Большинство женщин просто не осознает, насколько мало любви осталось в их личной жизни, пока отношения окончательно не разорваны. А вот подруги всегда скажут правду. Так что спросите у них.

Мужчинам нравятся женщины, которые считают, что любовь преодолеет все. Это значит, что достаточно в подходящий момент сказать женщине о своей любви, и она с радостью согласится на секс.

15. ПЯТЬ ВОПРОСОВ, КОТОРЫЕ ПУГАЮТ БОЛЬШИНСТВО МУЖЧИН

1. «О чем ты думаешь?»
2. «Ты меня любишь?»
3. «Я не толстая?»
4. «Тебе не кажется, что она красивее меня?»
5. «А что бы ты сделал, если бы я умерла?»

Мужчины пугаются этих вопросов, потому что при неправильном ответе начинается грандиозная ссора. А неправильный ответ в любом из этих случаев — это правда. Давайте же проанализируем каждый вопрос и возможные ответы.

Вопрос 1: «О чем ты думаешь?»

Правильный ответ таков: «Прости, что я отвлекся, дорогая. Я просто думал о том, насколько милая, замечательная, заботливая, интеллигентная и красивая женщина рядом со мной. Как мне повезло, что ты есть в моей жизни!» Совершенно очевидно, что такой ответ не имеет ничего общего с правдой. А правда, скорее всего, такова:

— «ни о чем»;

— «о футболе»;

— «об обнаженной Анжелине Джоли»;

— «о том, какая же ты толстая»;

— «о том, на что потратить твою страховку, если ты умрешь».

Вопрос 2: «Ты меня любишь?»

Правильный ответ: «Да! Я с ума от тебя схожу!» Неправильные ответы таковы:

— «Ну, конечно! Да, да, да! Давай займемся сексом прямо сейчас!»;

— «Тебе будет лучше, если я скажу, что да?»;

— «А что такое любовь?»;

— «Я же твой муж... Это моя работа»;

— «Кто, я?»

Вопрос 3: «Я толстая?»

Правильный ответ: «Ну конечно же, нет! Ты выглядишь прекрасно!» А вот чего говорить не следует:

— «В сравнении с кем?»;

— «Я бы не назвал тебя толстой, но ты точно не худая»;

— «Легкая полнота тебе идет»;

— «Я видал и более толстых женщин»;

— «Нет. Я просто подкинул 20-килограммовую гирю на весы, когда ты на них стояла»;

— «Не могла бы ты повторить вопрос? Я просто думал о том, на что потратить твою страховку, если ты умрешь».

Вопрос 4: «Тебе не кажется, что она красивее меня?»

И снова верный ответ: «Конечно же, нет!» Вот неправильные ответы:

— «Кажется, но зато ты хороший человек»;

— «Не красивее, но явно стройнее»;

— «Не красивее тебя, когда ты была в ее возрасте»;

— «Что такое красота?»;

— «Не могла бы ты повторить вопрос? Я просто задумался о том, на что потратить твою страховку, если ты умрешь».

Вопрос 5: «А что бы ты сделал, если бы я умерла?»

Вот тут правильного ответа не существует. Что бы мужчина ни ответил, все будет неправильно. Правдивый ответ таков: «Купил бы «Феррари» и яхту», но вот еще вариант:

ЖЕНЩИНА: Ты бы женился снова?

МУЖЧИНА: Нет, ни за что!

ЖЕНЩИНА: Почему? Тебе не нравится быть женатым?

МУЖЧИНА: Нет, мне нравится быть женатым!

ЖЕНЩИНА: Тогда почему же ты не женился бы?

МУЖЧИНА: Ну да... Тогда я женился бы.

ЖЕНЩИНА (*со страдальческим выражением*): Да-а-а?

МУЖЧИНА: Ну... гм-м... ты же спросила!

ЖЕНЩИНА: И ты бы стал спать с ней в нашей постели?

МУЖЧИНА: А где же нам еще спать?

ЖЕНЩИНА: И ты бы заменил мои фотографии ее снимками?

МУЖЧИНА: Ну... да, наверное, так и пришлось бы поступить.

ЖЕНЩИНА: И ты позволил бы ей пользоваться моими клюшками для гольфа?

МУЖЧИНА: Она не смогла бы. Она левша.

* Мужской мозг устроен таким образом, что с легкостью отделяет любовь от секса. Иногда любовь и секс в нем совпадают.

* Мужчины врут женщинам, чтобы избежать конфликтов. Никогда не задавайте мужчинам вопрос, если не хотите услышать правду. Иначе вы просто приучите его ко лжи.

* Если хотите, чтобы ваш мужчина был счастлив, чаще становитесь инициатором секса.

* Мужчины так же не уверены в себе, как и женщины. Они просто не любят обсуждать свои недостатки. Никогда не указывайте мужчине на его недостатки — вы оскорбите его гордость, а в отношениях возникнет напряженность.

Глава 9

12 ИСТИН О ЖЕНЩИНАХ, КОТОРЫЕ БОЛЬШИНСТВО МУЖЧИН НЕ ЗНАЮТ

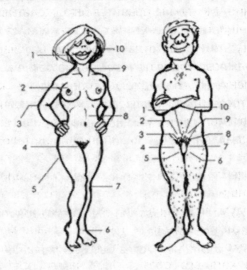

Основные эротические зоны человеческого тела

Сегодня конфликты, связанные с сексом, стали гораздо более острыми, чем у прошлых поколений. Мужчины не понимают, почему женщины так относятся к сексу. Если они принимают таблетки или предохраняются другим образом, то почему им не хочется заниматься сексом почаще? Женщины заявили, что прежнее представление о том, что они не хотят заниматься сексом, глубоко ошибочно. Счастливые мужчины решили, что теперь их будут постоянно просить о сексе, а их намеки станут встречать более благосклонно. Женщины начали покупать порнографическую продукцию, сексуальные игрушки и считать мужчин сексуальными объектами.

Аллан и Барбара Пиз

Они стали соблазнительно одеваться, как и когда им захочется. В женских журналах начали печатать статьи о том, как удовлетворить мужчину в постели. На радио появились сексологи, с которыми можно обсудить технику секса. Множество сексуальных шоу предлагает и телевидение. Мужчины были в восторге. Казалось, что теперь женщины хотят секса так же, как и мужчины.

И вот тут-то их поджидало глубокое разочарование. Сексуальная революция произошла, но после всех громких заявлений о свободном сексе многие женщины очень быстро вернулись в свое прежнее состояние — состояние пассивных сексуальных партнеров. Некоторые этого не сделали, но большинство поступило именно так. И снова мужчины оказались в прежней ситуации: они хотят секса часто и много, но им приходится иметь дело с женщинами, которые хотят этого редко и мало. Мужчины думали, что рядом с ними девушки из «Плейбоя», а на самом деле в их постелях лежали матери Терезы. Однако, что бы ни думали мужчины, женщины хотят секса, и хотят его гораздо чаще, чем говорят об этом.

Если отношения женщины с партнером не складываются, она будет избегать секса. Мужчина же в аналогичных отношениях с удовольствием займется сексом в любое время, потому что, как мы только что говорили, его мозг может отделить секс от любви, и секс для мужчины всегда является главным приоритетом, поскольку ведет к продолжению рода. Мужчины могут заниматься сексом практически в любое время, в любом месте и при любых обстоятельствах. С женщинами все по-другому. Женщины не могут понять, как можно заниматься сексом, не испытывая при этом любви. Женщин подобный подход даже оскорбляет. Сексуальный центр в женском мозгу располагается в другом месте. Кроме того, в женском организме гораздо ниже уровень тестостерона. Неудивительно, что потребность в сексе в списке женских приоритетов занимает далеко не первое место.

Мы расскажем вам о женщинах такое, чего большинство мужчин не понимает.

1. ЧЕГО ЖЕНЩИНЫ ХОТЯТ ОТ СЕКСА

Современное стремление к политкорректности создает иллюзию того, что женщины от секса хотят того же, что и мужчины. Из журнальных статей и телевизионных шоу можно сделать вывод о том, что женщины оценивают хороший секс точно так же, как и мужчины, и сексуальное влечение у них абсолютно такое же. Движение за права женщин настаивает и добивается равенства в разных сферах жизни. И общество ошибочно полагает, что то же самое относится и к сексу. Однако ни один, ни другой вывод не может быть более далеким от истины.

....

Гадалка говорит молодому мужчине:
«Для счастья тебе нужно найти
девушку с такими же интересами, как
у тебя, которая хотела бы заниматься
тем же самым, что и ты».
«Да? — удивляется мужчина. —
Напиваться вусмерть и постоянно
заниматься сексом с симпатичными
девицами? Тогда мне нужна
лесбиянка-алкоголичка!»

....

За 30 лет мы собрали и проанализировали данные сотен исследований и опросов, посвященных тому, чего женщины хотят от секса. Такими исследованиями занимались университеты и медицинские институты, профессиональные сексологи, такие как Кинси, и популярные журналы типа «Космополитен». Из всего этого мы сделали два очень важных вывода. Во-первых, сексуальная мотивация женщин абсолютно не изменилась за несколько тысяч лет. Практически каждое исследование показывает, что и преуспевающая деловая женщина, и домохозяйка, и первобытная женщина 100 тысяч лет назад оценивают секс по одним и тем же критериям. Вовторых, сексуальное влечение у женщины XXI века ничуть не сильнее, чем у ее предшественниц. Изменилось лишь отношение к сексу — теперь о нем можно говорить и обсуждать эту тему в средствах массовой информации. Главным для женщин по-прежнему остается поиск подходящего партнера, который либо уже обладает средствами, либо имеет способности эти средства получить.

Чтобы захотеть секса, женщина должна:

1) почувствовать себя привлекательной и неповторимой;
2) почувствовать себя любимой и защищенной;
3) убедиться, что ее балуют и ласкают;
4) убедиться, что ее часто целуют, гладят и обнимают;
5) знать, что она всегда может поговорить о своих чувствах.

Сравните этот список со списком того, чего хочет от женщины мужчина:

1) чтобы она чаще соглашалась на секс;
2) больше спонтанного секса;
3) чтобы она была инициатором секса и проявляла изобретательность в постели;
4) не чувствовать себя виноватым за наличие сексуальных потребностей;
5) чтобы она понимала — мужчину стимулируют визуальные сигналы, например, сексуальное белье.

Женщина хочет, чтобы к сексу ее подвели медленно. На самом деле она даже не произносит этого сакраментального слова — она хочет «заниматься любовью» или «спать» с мужчиной. После секса ей хочется и дальше говорить о своих чувствах. Но многим женщинам это не удается — их партнеры попросту засыпают.

Главная мужская фантазия — секс с двумя женщинами.
Женщины тоже не отказались бы от этого: тогда было бы с кем поговорить, когда мужчина заснет.

Эти списки показывают, что для женщин главной является эмоциональная составляющая, тогда как мужчинам нужен дикий секс, не знающий запретов. Из-за подобных различий вполне можно сказать, что в сексуальном отношении мужчины и женщины несовместимы. Женщины часто обвиняют мужчин в эгоизме и спешке, а мужчины твердят, что у женщин нет воображения и сексом они занимаются чисто механически. Женщины даже находят потребность мужчин в эротических образах отвратительной и болезненной. Зато мужчины объясняют хладнокровие женщин отсутствием у них творческого подхода к сексу. Поняв, что мужской и женский мозг устроены по-разному и что мужчины и женщины по-разному относятся к сексу и любви и имеют разные приоритеты, вы сможете изменить свое отношение к сексу. И очень скоро вас будут считать идеальным любовником. Идеальная сексуальная жизнь складывается тогда, когда партнеры не осуждают потребности друг друга, а стремятся их удовлетворить. Сексуальные потребности мужчин и женщин различны. Они не хуже и не лучше — просто они разные.

Дженни Джонс проснулась среди
ночи от того, что муж запихивал ей в
рот аспирин.
— Что ты делаешь? — возмутилась
Дженни.
— Это от головной боли, — ответил
муж.
— Но у меня не болит голова!
— Отлично! Тогда давай займемся
сексом!

2. ПОЧЕМУ ЖЕНЩИНЫ ТАК РЕДКО ЯВЛЯЮТСЯ ИНИЦИАТОРАМИ СЕКСА

Практически во всех странах мира мужчины жалуются на то, что женщины очень редко бывают инициаторами секса. Причина этого очень проста: как мы постоянно повторяем, у мужчин гораздо более сильное сексуальное влечение, чем у женщин. Мужчины так устроены. В их организме уровень тестостерона в 10 или 20 раз выше, чем в женском. У мужчин больших размеров гипоталамус — та область мозга, где вырабатываются гормоны, отвечающие за сексуальное влечение.

«Жена говорит, что любит меня, но никогда
не показывает этого. Ей кажется, что достаточно
говорить милые слова и делать приятные мело-
чи — например, готовить мои любимые блюда
или стирать рубашки. Но меня все это не волну-
ет. Все это я могу сделать и сам. Мне бы хоте-
лось, чтобы она однажды надела для меня сек-
суальное белье и встретила меня в нем, когда я
приду с работы. Тогда бы я понял, что она дей-
ствительно любит меня. Но шансов на это у меня
столько же, как если бы я захотел полететь на

Луну. Удивительно, если она действительно лю-
бит меня, то почему же не хочет сделать меня
счастливым? Ян».

На протяжении миллионов лет в мужчинах развивалось сексуальное влечение, которое способствовало продолжению рода. Основная же роль женщины заключалась в рождении детей. Главная задача женщины — заботиться о потомстве и защищать его. И с первобытных времен по сей день ничего не изменилось. Женщины распространяют свою заботливость и на мужчин, которые появляются в их жизни. Им хочется заботиться, поддерживать и защищать не только детей, но и мужчин. А мужчины воспринимают любое объятие как прелюдию к сексу. Их сосредоточенность на сексе настолько велика, что они не в состоянии отличить обычную женскую ласку от желания секса. Вот почему мужчины так часто чувствуют себя отвергнутыми. Они неправильно истолковывают женское поведение. Им кажется, что дело идет к сексу, а потом оказывается, что все вовсе не так. Мужчины чувствуют себя отвергнутыми, а женщины не понимают, в чем дело.

«Знаете, мне часто хочется просто пообни-
маться перед сном. Мне бы хотелось, чтобы мы
могли обнять друг друга, поцеловаться и за-
снуть. Спокойно и крепко. Я бы сразу почувство-
вала себя лучше. Но если я пытаюсь обнять или
поцеловать мужа, он сразу же думает, что я хочу
секса. Поэтому теперь, если я не расположена к
сексу, то, ложась в постель, я сразу же притво-
ряюсь, что сплю. Я не рискую обнять мужа, пото-
му что у него сразу же возникает эрекция, и он
хочет секса. Почему он не может просто обнять
меня перед сном? Почему секс для него на-
столько важен? Хелен».

Аллан и Барбара Пиз

Проблема заключается в устройстве мужского мозга. Благодаря этому сохраняется человеческий род. В первобытном обществе мужчина должен был использовать любую возможность для секса, даже перед лицом смертельной опасности. Беременность часто не вынашивалась, многие дети умирали при родах или в младенчестве. Большинство не доживало даже до подросткового возраста. Сексуальное влечение женщины всегда было ниже, потому что много времени у нее уходило на беременность и заботу о потомстве. Если бы женщины постоянно хотели секса, они не смогли бы сосредоточиться на детях или были бы постоянно беременными. И то, и другое вредно для здоровья и самих женщин, и их детей.

У неандертальцев, скорее всего, проблем с сексом не было — они считали, что это забавно, и никогда не ссорились по этому поводу. Только в эпоху неолита секс стали связывать с деторождением. До появления дешевых и эффективных противозачаточных средств мужчинам приходилось подавлять свое сексуальное влечение, чтобы их семья не увеличилась до невероятных размеров.

Люди лишь недавно связали секс с деторождением.

3. КАК СДЕЛАТЬ ТАК, ЧТОБЫ ЖЕНЩИНЫ ХОТЕЛИ СЕКСА ЧАЩЕ

Исторически сложилось так, что, когда мужчина чего-то хотел, он прямо говорил об этом. Когда же он чего-то не хотел, то столь же открыто заявлял и об этом. Мужчина всегда мог потребовать чего-то и получить это. Поскольку в личных отношениях мужчина тоже всегда играет главную роль, ему даже в голову не приходит мыслить иначе. Многие мужчины и сегодня уверены в том, что требовать секса — это их право. Но современные женщины вовсе не считают себя обязанными исполнять подобные требования. Чем больше мужчина требует секса, тем меньше шансов, что его требование будет исполнено. Женщины не понимают, почему мужчины не используют более тонких подходов, а мужчины не в состоянии осознать, что имеется какая-то альтернатива.

....

Четверо мужчин ловили рыбу.
Примерно через час один из них сказал:
«Не поверите, что мне пришлось сделать, чтобы жена меня отпустила!
Я пообещал, что на следующей неделе сделаю ремонт во всем доме!»
Второй ответил: «Это еще что!
Мне пришлось пообещать, что я перекопаю весь сад и построю качели и горку для детей!»
Третий улыбнулся: «Вам повезло!
Я пообещал, что переоборудую всю кухню и построю в саду беседку!»
Мужчины продолжили ловить рыбу.
Через какое-то время они поняли, что четвертый приятель промолчал.
«Эй, Джерри, — спросил первый. —
А что тебе пришлось сделать, чтобы выбраться на рыбалку?»
Джерри спокойно пожал плечами.
«Я просто завел будильник на 5.30, — сказал он. — Когда он прозвонил, я обнял жену и спросил: «Рыбалка или секс?»
Она отвернулась и сказала: «Не забудь плащ!»

....

Современные женщины хотят чувствовать себя сексуальными, любимыми и обожаемыми. Им не нравится, когда их воспринимают как должное. И хотя прелюдия к сексу очень важна, еще важнее то, что происходит до нее.

Стресс резко снижает женское сексуальное влечение, потому что вызывает негативные эмоции, а у женщин эмоции неразрывно связаны с сексом. Если женщина утомлена или встревожена, сексуальное влечение у нее снижается до нуля. Мужчина должен помочь ей расслабиться, почувствовать себя любимой и необходимой.

Большинство мужчин не понимают, что заводит женщин вовсе не эрегированный пенис.
Они гораздо больше возбуждаются, когда видят, как мужчина готовит ужин, моет посуду, кормит детей и складывает свое грязное белье в корзину.

Подобное поведение гораздо быстрее пробудит в женщине нежность к мужчине, чем что бы то ни было другое. Женщине, особенно имеющей детей или загруженной на работе, трудно сохранить силы для секса. В конце дня ей больше всего хочется спать. Мужчина, который занимается домашней работой, — это лучший афродизиак для любой женщины. Мужчины и не подозревают, что женщины гораздо выше ценят готовность пропылесосить пол, чем приглашение в дорогой ресторан.

Мария Квин, автор книги «Между чистыми простынями», показывает самую тесную связь между домашней работой и сексом.

Когда женщина занята сверх меры, а все вокруг чего-то от нее требуют, то секс превращается для нее в еще одну обязанность. Секс становится чем-то таким, что женщина делает для кого-то другого, а не для себя. Чем сильнее женщина утомляется, тем больше злится на все то, что должна делать. Многие мужчины удивляются: «Что я сделал не так?» Они просто не понимают чувств женщины.

Определение прелюдии:
Она: «Как насчет того, чтобы
убраться на кухне, пока я приму
ванну?»
Он: «А может, нам просто лечь
спать?»

Квин пишет, что мужчина, который честно выполняет свою долю домашней работы, бывает поражен неожиданно проснувшейся в женщине сексуальностью.

Чтобы женщина захотела секса,
ей нужно почувствовать себя
необходимой, любимой
и обожаемой.
Удивительно, но мужчина, который
занимается домашней работой,
отлично реализует это желание.

---

4. ПОЧЕМУ У ЖЕНЩИН БЫВАЮТ ОРГАЗМЫ

Оргазм испытывают только женщины. Практически у всех других самок животных секс — это семь-десять секунд, которые заканчиваются зачатием. Никаких нежностей или ритуалов. Овуляция у женщин происходит незаметно. Мужчина никогда не почувствует этого. Эта природная уловка позволяет постоянно держать мужчину при себе. Женщины могут заниматься сексом в любое время — есть у них овуляция или нет. И это делает секс постоянным, что еще вернее удерживает мужчину.

Исследования показали, что в момент оргазма мышцы влагалища напрягаются и тянут шейку матки вниз. Она раскрывается, чтобы принять сперму. Вот почему одновременный мужской и женский оргазм имеет такое значение: при этом значительно повышается вероятность зачатия. С точки зрения зачатия, женский оргазм должен наступать только во время или после мужской эякуляции, а не до нее.

Биологи-эволюционисты рассматривают женский оргазм как своеобразный контроль качества человеческого вида. Они полагают, что, если женщина чувствует, что гены мужчины ей не подходят, ее тело никогда не ответит на секс оргазмом. Если же женщина каждую ночь вспыхивает, как спичка, значит, мать-природа подсказывает ей: эти гены нужно сохранить.

5. ПОЧЕМУ УМНЫЕ ЖЕНЩИНЫ ТАК ЧАСТО БЫВАЮТ ГЛУПЫ В ЛЮБВИ

Исследования показывают, что чем выше у женщины интеллектуальный уровень, тем ниже у нее уровень эмоциональный. То есть яркие, умные женщины реже делают правильный выбор в любви. Женщины, преуспевающие на работе, чаще разводятся и заводят романы. Они реже имеют детей. «Американский журнал брака и семьи» рассказывает о нескольких исследованиях, которые доказали, что женщины, которые зарабатывают больше своих мужей, чаще разводятся. Такие женщины разводятся вдвое чаще тех, кто зарабатывает меньше. Финансово независимые женщины менее терпимы и склонны контролировать менее успешных мужчин. Мужчинам нелегко жить с женщинами, которые в жизни добились большего успеха. Доктор Роберт Холден, автор книги «Интеллект успеха», утверждает, что умные женщины слишком много времени тратят на анализ значения и мотивов личных отношений, вместо того чтобы целиком отдаться на волю эмоций.

6. ПОЧЕМУ ЖЕНЩИНЫ ПРЕДПОЧИТАЮТ МУЖЧИН СТАРШЕ СЕБЯ

Дэвид Басс выяснил, что во всех 37 странах, где он проводил свои исследования, женщины отдавали предпочтение мужчинам старше себя. Это объясняется тем, что чем старше мужчина, тем больше у него средств и тем выше его статус. Например, средний заработок 20-летнего австралийца в 2008 году составлял 27 тысяч долларов, тогда как 30-летний зарабатывал уже 44 тысячи, а 40-летний — 53 тысячи долларов. Мужчины старшего возраста более стабильны, более надежны и более склонны к обязательствам. Женщины предпочитают мужчин на 3—5 лет старше себя, потому что при большой разнице в возрасте мужчина может заболеть или умереть, а следовательно, женщина лишится источника средств. В некоторых странах женщины иногда выходят замуж за более молодых мужчин, но такое бывает обычно в случаях, если женщина богата или мужчина является потенциальным наследником, что повышает его состоятельность и статус. Такие браки обычно планируются заранее.

....

Мужчины воспринимают женщин как сексуальный объект. Женщины воспринимают мужчин как объект успеха.

....

Порой зрелые женщины влюбляются в молодых мужчин, и это происходит по двум причинам. У женщины могут быть собственные средства и ей не нужны средства мужчины. А возможно, более зрелый мужчина подчеркнет ее собственный возраст и снижение «брачного рейтинга». Зрелая женщина может привлечь молодого мужчину, предложив ему секс или доступ к власти и средствам, но такие отношения почти всегда бывают непродолжительными — вспомните брак 59-летней Элизабет Тейлор и 39-летнего Ларри Фортенски.

Женщины предпочитают умных мужчин, а мужчины предпочитают менее умных женщин. Часто можно видеть глупую женщину (или ту, которая умело притворяется глупой) рядом с умным мужчиной. А вот умная женщина рядом с глупым мужчиной — это большая редкость, которая чаще всего встречается в комедиях или телевизионных шоу, где пытаются соблюсти правила политкорректности. В жизни такое случается редко.

Супруги, которым за 60, отмечают 35-ю годовщину свадьбы в маленьком романтическом ресторане. Неожиданно на столе появляется крошечная фея и говорит: «Вы служите прекрасным примером долгого, счастливого брака. И сейчас каждый из вас может загадать одно желание, и я его исполню».

Жена хлопает в ладоши и говорит: «Мы всегда мечтали о кругосветном путешествии!»

Фея взмахивает волшебной палочкой, и в руках женщины появляются два билета на лайнер «Квин Мэри».

Муж минуту думает, а потом произносит: «Прости, дорогая, но такая возможность мне больше не представится. Я хочу иметь жену на тридцать лет моложе себя».

Фея взмахивает волшебной палочкой, и муж превращается в 95-летнего старика.

Мораль такова: неблагодарные мужья должны помнить, что феи — тоже женщины!

7. ПОЧЕМУ ЖЕНЩИНАМ НРАВИТСЯ, КОГДА К НИМ ПРИКАСАЮТСЯ

В других наших книгах мы уже писали, что на теле женщины находится более 10 тысяч осязательных рецепторов, тогда как у мужчин этот показатель составляет всего 3 тысячи. Чувствительность к прикосновениям помогает женщинам лучше понимать эмоции и состояние детей. По этой же причине женщины так любят прикосновения и ласки. Вот почему физическая близость для них так важна. Мужчины же любую физическую близость воспринимают как желание секса, что порождает массу проблем в отношениях между мужчинами и женщинами во всем мире. Женщинам хочется несексуальных прикосновений и ласк. Им хочется обниматься, держаться за руки, гладить друг друга и целоваться. На стадии ухаживания мужчины делают все это, потому что знают, что так легче склонить женщину к сексу. Но стоит отношениям стать более постоянными, как подобные ласки прекращаются.

....

Как понять, что мужчина готов
к сексу?
Он дышит.

....

8. ПОЧЕМУ ЖЕНЩИНЫ КАЖУТСЯ ОТСТРАНЕННЫМИ ВО ВРЕМЯ СЕКСА

Все мужчины жалуются, что, когда дело доходит до секса, женщин начинает слишком волновать окружающая обстановка. Они говорят, что в комнате слишком светло, слишком темно, чересчур шумно, очень тихо, что стены слишком тонкие, что кто-нибудь может увидеть или услышать, чем они занимаются. Мужчин такие мелочи не волнуют. Их монотрекинговый мозг сосредоточен только на одном деле. Мужчина во время секса становится слеп и глух к внешнему миру.

«Моя жена всегда хохочет во время секса, что бы она ни читала».

Эмо Филлипс

Нейропсихолог Герт Холстег из голландского университета города Гронингена изучал мозговую активность 13 гетеросексуальных женщин из четырех стран мира в разных состояниях: в состоянии покоя, во время имитации оргазма, во время стимуляции клитора и во время оргазма, достигнутого стимуляцией клитора. Во время стимуляции нарастала активность первичной соматосенсорной коры головного мозга, а активность мозжечковой миндалины и гиппокампа падала (эти участки мозга отвечают за настороженность и тревогу). Отсюда можно сделать вывод о том, что женщины не могут получать удовольствия от секса, если они напряжены, если их что-то беспокоит или отвлекает.

Женский мозг прекрасно справляется с несколькими задачами одновременно. Если бы пара первобытных людей целиком сосредоточилась на занятии сексом, они с легкостью стали бы добычей хищников. Кто-то должен всегда быть настороже, и эта задача выпадает на долю женщины.

Чтобы женщина была в настроении, мужчина должен правильно выбрать время и убедиться в том, что ее ничто не беспокоит. Включите тихую музыку, которая заглушит внешние шумы. Убедите женщину в том, что с вами она в полной безопасности и что ее ничто не потревожит.

9. КАК ЖЕНЩИНЫ ВОСПРИНИМАЮТ СЕКСУАЛЬНУЮ АГРЕССИЮ

Сексуальной агрессией называют удовлетворение сексуальных потребностей с другим человеком без его согласия. Доктор Дэвид Басс выявил 147 поступков, связанных с сексом, и установил, что практически все женщины считают сексуальную агрессию самым отвратительным поступком мужчины в рамках личных отношений. Это полностью противоречит имиджу, создаваемому интернет-порнографией. Изучая интернет-сайты, можно подумать, что женщины обожают секс, связанный с насилием. Если женщину посещают сексуальные фантазии, то она видит богатого, красивого мужчину, готового посвятить ей всю жизнь. Вряд ли найдется женщина, которая мечтает о сексе с грубым, грязным, безработным неудачником, от которого еще и воняет. Мужчин сексуальная агрессия почти не пугает, а многих даже заводит.

Басс также выяснил, что мужчины явно недооценивают то, насколько женщины чувствительны к сексуальной агрессии. Для мужчин самый страшный поступок женщины — это неверность, за которой следует вербальная агрессия. Три четверти женщин переоценивают мужскую реакцию на собственную агрессию. То есть большинство женщин обидится, если их шлепнуть по ягодицам, тогда как мужчина этого либо не заметит, либо даже обрадуется. В мире, где женщины убеждены в том, что мужчины мыслят точно так же, как они, а мужчины считают женщин во всем похожими на себя, катастрофы не избежать.

10. КАК ЖЕНЩИНЫ ВОСПРИНИМАЮТ СЕКСУАЛЬНОЕ ДОМОГАТЕЛЬСТВО

93% жалоб на сексуальное домогательство поступает от женщин, а остальные 7% — от мужчин, которых домогаются другие мужчины. Иногда случаются жалобы от мужчин на женщин, но обычно они связаны с другими, чаще всего служебными мотивами. Статистика показывает, что почти всегда именно мужчины домогаются женщин. Однако здесь следует учитывать и другие факторы: во-первых, любое домогательство вызывает у женщины сильнейший стресс, и во-вторых, лишь немногие мужчины жалуются на то, что их домогаются женщины, — это же их заветная мечта! Дэвид Басс изобрел семибалльную шкалу возбуждения и установил, что, когда женщина прижимается к мужчине в баре, он оценивает свои ощущения в 6,07 балла. Когда же к женщине прижимается мужчина, она оценивает свои ощущения всего в 1,82 балла. Подобное поведение неприятно для большинства женщин.

Три из четырех жалоб поступают от женщин в возрасте от 20 до 35 лет, что лишний раз доказывает значимость детородного потенциала в женской привлекательности. От зрелых женщин жалоб поступает значительно меньше.

Сексуальное домогательство со стороны мужчин большинство женщин считают оскорбительным. Сексуальное домогательство со стороны женщин большинство мужчин считают комплиментом.

Барбара Гутек, профессор психологии из Калифорнии, провела исследование, в ходе которого сотрудников офиса спрашивали о том, как они отреагируют на то, если коллега предложит им заняться сексом. 55% женщин заявили, что в последние пять лет они подвергались сексуальным домогательствам. О том же заявили лишь 9% мужчин. Профессор Гутек выяснила, что 63% женщин и всего 15% мужчин почувствовали себя при этом оскорбленными. Польстило подобное предложение 67% мужчин и всего 17% женщин.

Доктор Басс провел другой эксперимент. Он попросил женщин оценить степень своего неудовлетворения, когда с ними заигрывают мужчины иного статуса. Больше всего оскорбляют женщин предложения секса со стороны строительных рабочих и мусорщиков (60%). Чем выше статус и престиж занятий мужчины, тем меньше оскорбляются женщины. Авансы успешных рок-звезд и выпускников университетов обижают лишь 38% женщин. Это доказывает, что состоятельность мужчины играет решающую роль в готовности женщины заняться с ним сексом.

11. ПОЧЕМУ ЖЕНЩИНЫ ЧАСТО ФАНТАЗИРУЮТ О «ПЛОХИХ ПАРНЯХ»

У большинства женщины тяга к «плохим парням» возникает в период овуляции и длится пару дней. Женское тело жаждет мощного, агрессивного мужчины типа Рассела Кроу, поскольку его гены куда сильнее, чем гены хороших, покладистых мужчин. И эти гены нужны женщине. Как мы уже писали раньше, доминантные мужчины с высоким уровнем тестостерона всегда побеждают тихих, запуганных мужчин. И эти «плохие парни» абсолютно неотразимы для женщин в период овуляции. А все остальное время женщина совершенно счастлива со своим тихим, надежным и заботливым мужем.

Хотя женщина сознательно ищет мужчину, который способен ее обеспечить и защитить, ей нужны и хорошие гены тоже. К сожалению, не каждый мужчина отвечает обоим критериям сразу. Это доказывают анализы ДНК, по которым около 10% детей, рожденных в браке, рождаются вовсе не от мужей. Судя по всему, так было всегда, но только анализ ДНК смог это доказать.

В трудные времена это явление еще больше усиливается, потому что перед лицом возможной смерти природа заставляет человека стремиться к размножению. Больничные документы показывают, что во время Второй мировой войны в Британии каждый шестой младенец, рожденный в браке, был рожден не от мужа. Стресс военного времени и присутствие в стране американских солдат усиливали желание женщин иметь потомство.

12. ПОЧЕМУ МНОГИЕ ЖЕНЩИНЫ ПРЕДПОЧИТАЮТ СЕКСУ ШОКОЛАД

Для мужчин шоколад — это всего лишь пища, а не наркотик, как для многих женщин. Женщины с низким уровнем серотонина легко впадают в шоколадную зависимость, потому что фенилэтиламин, который содержится в шоколаде, повышает ощущение благополучия. Женщин сильнее тянет к шоколаду во время менструации. Шоколад — лучшее лекарство для героиновых наркоманов. Шоколад стимулирует те рецепторы женского мозга, которые чувствительны к воздействию марихуаны. Поэтому, когда женщина ест шоколад, она испытывает одновременно и ощущение влюбленности, и легкое возбуждение, как от наркотика.

10 тайных причин, по которым женщины предпочитают шоколад сексу

1. Шоколад хорош даже тогда, когда становится мягким.
2. Шоколад можно есть за рулем.
3. Шоколад можно есть где угодно (даже перед матерью).
4. Шоколад можно есть в любое время месяца.
5. Поедая шоколад, не нужно имитировать наслаждение.
6. Слово «свадьба» шоколад не пугает.
7. Шоколад можно держать на своем столе, и это не потревожит начальника.
8. Шоколад не разбудит соседей.
9. Шоколад не будет храпеть после того, как вы его съедите.
10. Шоколаду не важен размер вашей груди.

РЕЗЮМЕ

Полагаем, теперь вам стало ясно, что женщины тоже получают удовольствие от секса, но по совершенно иным мотивам, чем мужчины. Женщины хотят чувствовать себя особенными, хотят, чтобы их уважали, чтобы они могли сами принимать решения и чтобы их мнение ценилось. Мужчины, если вы будете помнить о том, что женщины иначе воспринимают любовь и секс, и будете относиться к ним соответственно, то откроете для себя абсолютно новый мир женской сексуальности, который и представить себе не могли.

★ Понимание того, что сексуальные потребности и мотивы мужчин и женщин различны, — ключ к идеальной сексуальной жизни и счастливым отношениям.

* Сексуальное влечение у женщин от природы ниже, чем у мужчин, потому что им нужно время, свободное от секса, для рождения детей и заботы о потомстве.
* Женщинам нужна эмоциональная поддержка. Если мужчина хочет, чтобы его партнерша чаще становилась инициатором секса, он должен проявлять любовь и заботу и мыть посуду после ужина. У женщины в состоянии стресса секс в списке приоритетов стоит на одном из последних мест.
* Женщины *хотят* секса, причем гораздо чаще, чем сознаются в этом.

Глава 10

13 ПРИЕМОВ, КОТОРЫЕ ПОМОГУТ ПОВЫСИТЬ ВАШ БРАЧНЫЙ РЕЙТИНГ

Боб пользуется огромной популярностью. Он — единственный мужчина в нудистской колонии, который способен одновременно нести четыре стаканчика кофе и десять пончиков

ВОСЕМЬ СОВЕТОВ МУЖЧИНАМ, КОТОРЫЕ ХОТЯТ ПОВЫСИТЬ СВОЙ РЕЙТИНГ В ГЛАЗАХ ЖЕНЩИН

С самого начала этой книги мы постоянно повторяли вам, что основные мотивы для любви и секса у мужчин и женщин различны. Основываясь на исследованиях психологов и биологов-эволюционистов, а также на проведенных нами опросах более двадцати тысяч женщин, мы разработали несколько советов мужчинам, которые хотят стать более привлекательными для женщин.

1. Демонстрируйте готовность к обязательствам

Готовность мужчины к обязательствам — наиболее привлекательная для женщин черта, поскольку мужчина честно признает, что готов в течение длительного времени делить с ней свои средства. Вот основные признаки, по которым женщины оценивают готовность мужчины к обязательствам:

Заинтересованность в ее проблемах. Тем самым мужчина показывает, что готов быть рядом с женщиной даже в тяжелые моменты и оказать ей эмоциональную поддержку.

Настойчивое ухаживание. Частые приглашения в рестораны, кино и театры, покупка цветов, письма и sms-ки — все это показывает хороший потенциал мужчины в длительной перспективе. Человек, идущий на подобные шаги, вряд ли просто хочет случайного секса. Исследования показывают, что чем настойчивее мужчина ухаживает за женщиной, тем больше ей хочется выйти за него замуж. Однако для настойчивого ухаживания необходимо, чтобы женщина была хотя бы слегка увлечена мужчиной. Чрезмерная настойчивость при отсутствии интереса со стороны женщины может быть расценена как преследование.

2. Демонстрация уверенности в себе

Психологи точно установили, что уровень уверенности в себе у мужчины самым тесным образом связан с уровнем его доходов. А более состоятельные мужчины имеют больше партнерш для случайного секса. В ходе нескольких исследований было обнаружено также, что чем больше мужчина уверен в себе, тем легче ему в баре или клубе привлечь внимание красивых женщин. Многие мужчины, пытаясь обратить на себя женское внимание, имитируют уверенность, но большинство женщин очень легко выявляют фальшь. Умение ставить четкие цели и больше зарабатывать повышает истинную уверенность в себе, в результате чего мужской организм начинает вырабатывать больше тестостерона, что в свою очередь еще сильнее повышает уверенность в себе. Мужчина должен ставить перед собой цели, иметь различные интересы, находиться в хорошей физической форме и демонстрировать свое честолюбие.

3. Демонстрация доброты

Если мужчина проявляет сочувствие к женщине, понимает ее потребности и старается ей помочь, то тем самым он показывает, что хочет быть рядом с ней в течение длительного времени и готов делиться с ней своими средствами. Многие мужчины, которым нужен только быстрый, случайный секс, это отлично понимают и имитируют доброту, стараясь казаться более вежливыми, внимательными и чуткими, чем на самом деле. Если мужчина чрезмерно предупредителен и внимателен к женщине, с которой только что познакомился, значит, он хочет привлечь ее внимание.

Просматривая женские журналы, мы собрали результаты 53 опросов, в ходе которых женщин спрашивали, что они находят привлекательным в мужчинах. Помимо верности, лидерами оказались следующие качества:

— способность сочувствовать женщине и понимать ее;
— умение слушать;
— хорошие манеры;
— заботливость;
— готовность помочь.

Именно такие качества мужчины повсеместно демонстрируют для того, чтобы склонить женщин к случайному сексу. Мужчина, который хочет случайного секса, имитирует те качества, которые женщина ищет в постоянном партнере. Подобный прием — имитация готовности к длительным и серьезным отношениям — используют только мужчины. Женщины никогда этого не делают.

4. Демонстрация физических способностей

Многие женщины понимают, что для того, чтобы привлечь мужчину, нужно сделать так, чтобы рядом с ними он чувствовал себя силачом. Поэтому женщины часто притворяются, что не могут нести тяжелую сумку, открыть банку или убить паука. Говоря о мужской привлекательности, 92% женщин заявляют, что им хотелось бы, чтобы у мужчины были хорошо развиты грудь и руки — другими словами, чтобы он выглядел, как опытный охотник. В XXI веке спортивные клубы заполнены мужчинами, которые истязают себя на тренажерах, чтобы выглядеть так, словно они способны ловить зверей и сражаться с врагами. Накачанное мужское тело сегодня не несет никакой практической нагрузки, но мужчины знают, что женщинам это нравится. Рельефные мышцы живота совершенно не нужны для современной жизни, зато женщины ими восхищаются.

Чтобы привлечь женщин, мужчины инстинктивно демонстрируют охотничьи навыки в спорте. Они поднимают тяжести, накачивают мышцы, носят тяжелые сумки и открывают банки. Исследования показывают, что спортсмены занимаются случайным сексом вдвое чаще мужчин, находящихся в плохой физической форме. Так что если вы — мужчина, запишитесь в фитнес-клуб или начните заниматься спортом самостоятельно. Вы должны быть сильным и крепким. Ленивые, толстые мужчины получают красивых женщин только в кино, а кино — это вымысел. Кроме того, хорошая физическая форма повышает самооценку и уверенность в себе, а следовательно, привлекает более красивых женщин.

Моя жена стояла на кухне и готовила завтрак — варила яйца всмятку и жарила тосты. На ней была только футболка, в которой она спит.
Когда я вошел, она обернулась и нежно сказала:
«Займись со мной любовью прямо сейчас!»
Я ошалел от радости.
Я подумал, что или сплю, или наступил самый счастливый день в моей жизни! Чтобы не упустить волшебный случай, я обнял жену, и мы занялись любовью прямо на кухонном столе.
«Спасибо!» Жена вздохнула и повернулась к плите.
Счастливый, но слегка озадаченный, я спросил: «А для чего это все было?»
«У меня просто сломался таймер», — ответила она.

5. Красивая, дорогая одежда

Антропологи Джон Таунсенд и Гэри Леви из Университета Сиракуз провели эксперимент, который доказал привлекательность дорогой мужской одежды для женщин. Они показывали женщинам фотографии мужчин в дорогих костюмах-тройках, темно-синих блейзерах, белых рубашках, красивых галстуках и с дорогими часами. Женщин просили оценить привлекательность этих мужчин и ответить на вопрос, согласились бы они выпить кофе с такими мужчинами, пойти на свидание, заняться сексом или выйти за них замуж. Участницам эксперимента показывали также фотографии тех же мужчин в обычной одежде — футболках и джинсах, бейсболках или униформе «Бургер Кинга». Все женщины отдали предпочтение мужчинам в статусной одежде, а на тех же самых мужчин в обычной одежде даже и не посмотрели. Этот эксперимент повторялся в разных странах, но результаты везде были одинаковыми. И это неудивительно: ведь в первобытные времена лучшие шкуры, лучшие украшения и лучшие женщины доставались только самым хорошим охотникам.

Элизабет Хилл, Элейн Нокс и Люсинда Гарднер изучали влияние физической формы, одежды и украшений на привлекательность мужчин и женщин. В их эксперименте приняли участие 81 студентка и 61 студент. Внешность участников изменяли, меняя степень облегания и открытости одежды. Статус менялся также с помощью одежды, характерной для различных социоэкономических классов. Участники эксперимента должны были оценить привлекательность людей противоположного пола для свидания, случайного секса и брака. Статусная и не слишком откровенная одежда всегда значительно повышала привлекательность потенциального партнера. При этом откровенная одежда повышала сексуальную привлекательность, но снижала брачную ценность.

> *В чем разница между мужчиной, испытывающим кризис среднего возраста, и цирковым клоуном? Клоун понимает, что на нем смешная одежда.*

Мужчины часто недооценивают роль одежды — а зря! У многих женщин есть простой и надежный способ оценки своей одежды: если они что-то не надевали в течение года, они смело выбрасывают эту вещь. Мужчине следует попросить партнершу, сестру, мать, соседку или подругу оценить его гардероб и дать ей полный карт-бланш — пусть выбросит все то, что выглядит глупо или смешно.

6. Демонстрация заботы

Психологи-эволюционисты Пегги Ла Серра, Леда Космидес и Джон Туби провели эксперимент, в ходе которого показывали женщинам три разные мужские фотографии. На одной мужчина просто стоял в одиночестве, на другой — играл с малышом, а на третьей демонстрировал полное безразличие к рыдающему ребенку. Самым привлекательным женщинам показался мужчина, который играл с ребенком, а самым непривлекательным — тот, который не обращал на малыша никакого внимания. Для мужчин же в оценке женской привлекательности внимание женщины к ребенку не имело ни малейшего значения. Другие исследователи использовали фотографии мужчин со щенками. И снова женщины самым привлекательным назвали мужчину, который явно был ласков к собаке. Мужчины сочли всех женщин привлекательными, однако некоторые заметили, что даже красивые женщины не должны проявлять жестокости к собакам. К детям — пожалуйста, но не к собакам. Совет мужчинам очень прост: уделение внимания малышам или домашним животным принесет солидные дивиденды.

7. Демонстрация честности

Демонстрацию честности женщины считают одним из основных приемов, способных повысить долгосрочную привлекательность мужчины. Для случайного секса сойдет и имитация. Мужчина, который хочет произвести впечатление на потенциальную спутницу жизни, не должен преувеличивать свою состоятельность или статус. Не стоит говорить женщине, что у вас крупный пищевой бизнес, если вы работаете разносчиком пиццы. Гораздо лучше будет сказать, что вы решили начать с самых низов, чтобы впоследствии создать собственный бизнес. Однако не следует быть и чрезмерно честным. Если женщина спрашивает: «Не слишком ли широкие у меня бедра?», не нужно честно отвечать: «Слишком!» Вы должны показать, что любите ее такой, какова она есть, Конечно, если она немного похудеет, то станет еще лучше, но в целом ее вес вас не беспокоит.

Она: «Это платье меня не полнит?»
Он: «Нет, просто ты полнишь это
платье!»

---

8. Демонстрация любви

Любая демонстрация любви рассматривается женщинами как готовность к обязательствам. Демонстрировать любовь можно по-разному: покупать подарки, проявлять нежность (особенно в присутствии других людей) и постоянно твердить: «Я тебя люблю!» Женщины оценивают степень любви по затраченным мужчиной усилиям. Мужчинам часто кажется, что проявления любви должны быть глобальными или дорогими. Они посылают женщинам огромные букеты, приглашают их в дорогие рестораны и оставляют официантам солидные чаевые. Да, все это хорошо, но главное — это затраченные усилия. Если мужчина облегчает жизнь женщине — моет посуду, занимается домашними делами или играет с детьми, чтобы у нее было время на уход за собой, — его привлекательность в ее глазах резко возрастает. Усилия, затраченные мужчиной, куда важнее того, что он в состоянии купить. Любовная записка стоит дороже 20-долларовой банкноты.

КАК МУЖЧИНЫ БОРЮТСЯ С СОПЕРНИКАМИ

Мужчина, который хочет понизить брачный рейтинг соперника, может сделать это, намекнув женщине на то, что тот мужчина не честолюбив, не отличается лидерскими качествами, да и состоятельность его оставляет желать лучшего. Другими словами, нужно занизить потенциальные способности соперника, завоевать власть и получить средства. Можно также снизить привлекательность мужчины, заметив или предположив, что он склонен к случайному сексу и не может хранить верность одной женщине, — то есть сделать намек на то, что средства этого человека не будут целиком и полностью находиться в распоряжении женщины. Иногда мужчины сообщают, что у соперника есть подруга или жена и/или дети — то есть потенциальная партнерша не может рассчитывать на все средства этого человека. Такой подход обычно оказывается вполне эффективным, поскольку женщины подсознательно выбирают мужчин, располагающих средствами или имеющих возможность их заработать. Мужчины не станут говорить, что соперник некрасив или лысеет, потому что мужская внешность играет для женщины далеко не самую важную роль. Вот почему мужчины преувеличивают те критерии, которые важны для женщин. Они лгут женщинам о своей работе, зарплате, статусе и готовности к обязательствам, чтобы повысить свой брачный рейтинг.

ПЯТЬ СОВЕТОВ ЖЕНЩИНАМ, КОТОРЫЕ ХОТЯТ ПОВЫСИТЬ СВОЙ РЕЙТИНГ В ГЛАЗАХ МУЖЧИН

Основываясь на опросе 20 тысяч мужчин, мы разработали несколько советов женщинам, которые хотят повысить свою привлекательность и брачный рейтинг.

1. Следите за своей внешностью и старайтесь ее улучшить

Мы изучили журналы в 24 странах и обнаружили, что везде продвигаются одни и те же истории и образы. Вот несколько основных тем женских журналов:

1. Как улучшить свою внешность.

2. Как улучшить свою сексуальную жизнь и стать более сексуально привлекательной для мужчины.

3. Истории о чьем-либо здоровье, внешности или личных отношениях.

4. Пища — кулинария или диеты.

5. Тесты и анкеты, позволяющие оценить отношения с партнером и совместимость.

Женщинам рассказывают о том, как улучшить свою внешность, чтобы завоевать любовь и секс. А сразу за этими статьями начинаются кулинарные советы, направленные на кардинальное ухудшение внешности из-за набранного веса.

Сравните этот список с основными темами статей мужских журналов:

1. Как накачать мышцы.

2. Как укрепить силу.

3. Как добиться согласия на случайный секс.

4. Статьи, посвященные чисто мужским занятиям — рыбалке, компьютерам, охоте, спорту, машинам и карьере.

Поскольку мужчины придают такое значение женской внешности, женщины изо всех сил стараются визуально повысить свою репродуктивную ценность — то есть продемонстрировать молодость, здоровье и физическую привлекательность. Женщины тратят на уход за собой в три раза больше времени, чем мужчины, а на косметику — в 15 раз больше средств. Женщины, которые не следят за собой, проигрывают в брачной игре.

Хотя современные мужчины тоже пользуются косметикой, они обычно ограничиваются средствами после бритья и бальзамами для волос. Женщины считают мужчин, которые слишком много времени тратят на собственную внешность, эгоистами или геями, а это резко снижает мужскую привлекательность в их глазах.

Женщины используют практически все визуальные средства, чтобы привлечь внимание мужчин. Они надевают туфли на высоких каблуках, чтобы ноги казались длиннее, удлиняют пальцы с помощью накладных ногтей, увеличивают грудь с помощью имплантатов, чтобы казаться моложе, надевают одежду темных цветов или с вертикальными полосками, чтобы выглядеть стройнее, красят волосы, делают пластические операции и носят парики. В XIX веке многие подобные приемы считались незаконными, и женщины, которые пытались привлечь мужчин такими способами, могли оказаться в тюрьме.

Эти приемы эффективны, поскольку учитывают врожденные предпочтения мужчин. Женщины идут на это порой не по собственному желанию. Просто этого хотят мужчины, и женщины знают это.

....

Нищий подходит к хорошо одетой женщине возле дорогого магазина и говорит: «Мадам, я ничего не ел уже четыре дня...» «Мне бы вашу силу воли...» — отвечает женщина.

....

Женщины всегда хотят выглядеть красивыми, молодыми и здоровыми. Неудивительно, что пластическая хирургия и косметическая промышленность так процветают. Пудра выравнивает тон кожи и скрывает признаки возможных проблем со здоровьем. Подтяжка лица мас-

кирует возраст. Губные помады и коллагеновые инъекции увеличивают губы, а красный цвет имитирует прилив крови к губам — сигнал сексуального возбуждения.
Тушь для ресниц делает женские глаза больше и привлекательнее для мужчин. Современные шампуни и кондиционеры делают волосы блестящими — то есть говоря-
щими об идеальном здоровье. Румянец издавна считал-
ся признаком хорошего здоровья, поэтому женщины
используют румяна. Поскольку мужчин привлекает молодая, высокая грудь, женщины надевают специальные
бюстгальтеры или увеличивают грудь с помощью им-
плантов. Женщины могут сколько угодно говорить, что
делают это только ради себя самих. На самом деле их
настроение улучшается именно из-за того, что они становятся более привлекательными для мужчин. В женских журналах полно фотографий молодых и здоровых
женщин — идеал, к которому женщины всегда стремятся. В мужских журналах мы видим фотографии таких же
молодых и здоровых женщин, но в таких позах и в такой
одежде, которые говорят о сексуальной доступности.
Фотографии мужчин появляются на обложках мужских
журналов только в том случае, если речь пойдет о том,
как улучшить внешность и казаться женщинам настоящим охотником, способным победить хищного зверя.

2. Подчеркивайте верность

Доктор Дэвид Басс выявил 130 приемов привлечения мужского внимания, используемых в 22 странах мира. И везде мужчины больше всего хотят от женщин одного и того же. Что же им нужно?

1. Верность.
2. Отказ от секса с другими мужчинами.
3. Демонстрация преданности.

Эти качества так важны для мужчин, потому что они твердо убеждают его в собственном отцовстве. Первобытные мужчины не могли убедиться в том, что дети действительно рождены от них. Зато они содержали гаремы женщин, и уж кто-то из детей точно имел их гены. Те же качества стали еще более важны для мужчин XXI века, потому что современные женщины настаивают на моногамии. То есть для того, чтобы сохранить и передать свои гены, у мужчины теперь есть только одна женщина. И поэтому он должен быть на 150 процентов уверен в собственном отцовстве.

С того момента, как появился анализ ДНК, выяснилось, что в Великобритании, к примеру, один из 11 детей, рожденных в браке, *не* является ребенком мужа. Вот почему женщины так часто намекают мужчинам, что соперница не отличается верностью. Этот прием очень эффективен, но срабатывает он только в отношении мужчины, который ищет спутницу жизни. А вот если ему нужна партнерша для случайного секса, то подобное замечание лишь повысит привлекательность женщины в его глазах.

Тот факт, что мужчины с отвращением относятся к женской измене в браке, объясняет, почему за последнюю тысячу лет появилось не меньше сотни слов, обозначающих женщин-изменщиц, и большинство из них носит оскорбительный характер. А вот для мужчин-гуляк оскорбительных терминов не придумано. Большинство подобных слов носит определенный оттенок гордости или зависти.

Как только не называют несчастных женщин — шлюхами, проститутками, шалашовками, ночными бабочками, нимфоманками, наложницами, содержанками, распутницами, блудницами, прелюбодейками, уличными девками, гулящими женщинами...

Аллан и Барбара Пиз

А теперь вспомните, как называют мужчин — жеребцами, секс-машинами, самцами, сексуальными гигантами, плейбоями, ковбоями, мачо, казановами, дамскими угодниками… Большинство подобных прозвищ прямо или косвенно лестны для мужчин.

Подчеркнуть свою верность женщины могут тремя способами:

— не следует говорить о мужчинах из своего прошлого;

— не стоит флиртовать с другими мужчинами;

— не стоит слишком быстро соглашаться на секс с новым партнером — то есть до того, как он продемонстрировал свою готовность тратить на вас свои средства и время.

3. Играйте в скромницу

Если мужчина ищет спутницу жизни, то женщина может с успехом изображать робость, скромность и застенчивость. Скромную женщину сложно завоевать, а, завоевав, можно быть уверенным в ее верности. Если же женщина легкодоступна, то мужчина думает, что и с другими она будет вести себя так же, а это лишает его уверенности в отцовстве. Скромность — превосходная стратегия, поскольку убеждает мужчину в верности женщины и вселяет в него уверенность в собственном отцовстве.

....

*«Я твой первый мужчина?» —
спросил он.
«Возможно, — ответила она. — Твое
лицо кажется мне знакомым».*

....

Людей во всем мире интересует сексуальная репутация других. Этим объясняется популярность таких шоу, как шоу Джерри Спрингера, Рикки Лейка, Мори Пович и

Джереми Кайла. Всем хочется знать, кто и с кем спит, как часто, почему, когда и где и кто отец.

Но если речь идет о случайном сексе, то застенчивость является минусом. Чтобы уломать скромницу, придется приложить слишком много усилий и средств. Отказывая в сексе, женщина повышает свой брачный рейтинг, поскольку заставляет мужчину воспринимать ее как потенциальную спутницу жизни.

Соглашаясь на секс слишком быстро, вы позволяете мужчине воспринимать вас как партнершу для случайной связи.

4. Не надевайте слишком открытую одежду

Нокс, Хилл и Гарднер показывали мужчинам и женщинам фотографии представителей противоположного пола в одежде различной по степени открытости. Чем более открытым был наряд женщины, тем чаще мужчины воспринимали ее как потенциальную партнершу для случайного секса, но редко видели в ней спутницу жизни. Обтягивающая и открытая одежда снижает брачный рейтинг женщины, зато повышает ее шансы на случайный секс.

Мужчин в откровенных костюмах женщины тоже расценивали как партнеров для случайного секса. А у полностью одетых мужчин брачный рейтинг заметно повышался. Чем глубже декольте женского платья и чем четче выступают ее соски, тем меньше из сказанного ею мужчина запомнит. Он попросту не обратит на ее слова внимания.

Отсюда вывод: чем менее откровенны женские наряды, тем выше вероятность того, что в ней будут видеть партнершу для длительных отношений.

Аллан и Барбара Пиз

5. Прикидывайтесь беспомощной или покорной дурочкой

Доктор Басс выяснил, что подобный подход отлично привлекает партнеров для краткосрочных отношений (эффективность 48%), но в то же время помогает найти спутника жизни (эффективность 23%). Если женщина ведет себя глупо, беспомощно или покорно, мужчина чувствует, что она его не отвергнет и что ею легче манипулировать. Неудивительно, что «глупых блондинок» обожают все.

КАК ЖЕНЩИНЫ БОРЮТСЯ С СОПЕРНИЦАМИ

Желая снизить брачный рейтинг соперницы, женщина критикует ее здоровье и красоту. Она может заметить, что у соперницы силиконовая грудь, что она сделала подтяжку, страдает болезнью, передаваемой половым путем, или спит со всеми подряд. Эти приемы эффективны, потому что мужчина самой природой запрограммирован на то, чтобы стремиться к молодости, здоровью и верности. Женщина никогда не скажет, что у ее соперницы плохая работа и нет собственного дома. Женщины смело лгут мужчинам о своем возрасте (молодость), количестве мужчин в своей жизни (верность) и о здоровье (косметика, высокие каблуки, пластическая хирургия и т.п.).

Поскольку мужчины придают огромное значение женской красоте, женщины не просто стремятся улучшить собственную внешность, но еще и подчеркивают физические недостатки соперниц. Они буквально уничтожают соперниц, заявляя, что те толстые, некрасивые, бесформенные и непривлекательные: «Видел бы ты ее без макияжа!», «У нее накладные соски / накачанные губы/ искусственные волосы». Женщина никогда не скажет, что сопернице недостает честолюбия или что у нее старая машина. Делать замечания относительно женской верности имеет смысл только в том случае, если мужчина ищет спутницу жизни. Назовите женщину шлюхой — и в глазах мужчины, стремящегося к случайному сексу, она станет невероятно желанной.

Чтобы быть счастливой с мужчиной, его нужно по-настоящему понимать и немного любить.
Чтобы быть счастливым с женщиной, ее нужно сильно любить и вовсе не пытаться понять.

✱ Вы вполне в состоянии повысить свой брачный рейтинг в глазах противоположного пола.

✱ Мужчина должен проявлять сочувствие и поддержку. Небольшие проявления любви и заботы значат для женщины куда больше, чем крупные дорогие подарки.

✱ Женщины должны подчеркивать свою верность. Не следует носить чересчур открытые платья. Следите за своей внешностью и старайтесь ее улучшить — это повысит ваш брачный рейтинг.

✱ И мужчины и женщины будут активно критиковать своих соперников, чтобы снизить их брачный рейтинг в глазах потенциального партнера. Мужчины обычно делают замечания относительно состоятельности соперника и его способностей, а женщины стараются подчеркнуть недостатки внешности соперницы.

Глава 11
СЧАСТЛИВОЕ БУДУЩЕЕ ВМЕСТЕ?

Сколько бы ни было нам лет, влюбившись, мы все превращаемся в подростков. Женщина хочет любви, романтики, приключений, сексуальной страсти. Ей хочется оставаться свободной и независимой. Она мечтает найти мужчину, который любил бы ее и дал ей все это. Мужчина хочет того же, чего хотят все мужчины на этой планете. Ему нужно, чтобы им восхищались, его уважали, понимали и чтобы партнерша хранила ему верность. И если обстоятельства позволяют женщине не работать, мужчина всегда к этому стремится.

Феминистки обычно утверждают, что мужчины на протяжении тысяч лет контролировали все средства и ресурсы мира и держали женщин в рабстве, делая их беременными и тем самым мешая обрести власть и доступ к ресурсам. Проанализировав историю человечества, кажется, что это обоснованный аргумент — но только на первый взгляд. Посмотрите на ту же ситуацию с другой точки зрения: почему мужчина развивался как добытчик, почему он стремился завоевать статус и власть? Ответ очень прост: женщинам нужно было рожать и воспитывать детей, поэтому им нужны были партнеры, способные добыть пищу и защитить потомство. На подсознательном уровне большинство мужчин это прекрасно понимает. Вот почему они всю жизнь тратят на то, чтобы добиться статуса и заработать средства, необходимые для удовлетворения требований своих партнерш. А зачем бы еще мужчинам надрываться и гробить свое здоровье, состязаясь с другими мужчинами за лучшую работу, более высокий статус и заработок? Мужчины делают это, потому что понимают: превзойдя соперников по статусу и состоянию, они смогут привлечь внимание более «качественных» партнерш. Если бы мужчине не нужна была женщина, ему не пришлось бы бороться за то, чтобы удовлетворять ее критериям. Мужчина предпочел бы жизнь простую и спокойную, ходил бы на рыбалку, пил бы пиво, спал — словом, делал все, что захочется.

Современные женщины во всем мире ищут мужчин, которые имеют средства или способны их получить. Женщины отвергают несостоятельных и нечестолюбивых мужчин. Вы можете привести примеры пар, в которых женщина — главный добытчик, а мужчина ведет домашнее хозяйство, но таких крайне мало.

Женатые мужчины зарабатывают больше, чем их холостые ровесники.

Некоторые феминистки утверждают, что главная задача мужчин — поработить женщин. На самом деле мужчины соперничают за власть, статус и средства с другими мужчинами, а не с женщинами. Мужчины дерутся с мужчинами за доступных женщин, и именно женские критерии становятся для них мерилом успеха. Неудивительно, что в такой обстановке мужчины умирают на семь лет раньше, чем женщины, и большинство преступлений на почве несчастной любви совершают тоже мужчины.

Представьте, что было бы, если бы мужчины вели себя так же, как женщины. Представьте, что мужчина говорит: «Ты часами болтаешь с подругами по телефону — ты меня больше не любишь? Ты считаешь, что я недостаточно хорош, чтобы со мной разговаривать?» или «Ты никогда не берешь меня в обувные магазины — всегда ходишь с Жозефиной. Я нужен тебе только для секса!».

К сожалению, мужчин повсеместно осуждают за совершенно естественное для них поведение, тогда как женщин восхваляют за «прекрасное умение общаться». Если бы мы были на равных, то мужчин следовало бы похвалить за «прекрасное умение размножаться».

Неудивительно, что 76% мужчин категорически отрицают, что думают о женщинах в сексуальном смысле, — они просто боятся обвинений в сексуальном домогательстве или стремятся быть «политкорректными».

ЖЕНАТЫЕ ЛЮДИ СТАЛИ МЕНЬШИНСТВОМ

Неужели институт брака умер? Если вы состоите в браке, значит, относитесь к меньшинству. На протяжении последних лет количество официальных семей на Западе неуклонно сокращается. В 2006 году в США таких пар уже было меньшинство. «Опрос американского общества», проведенный американским бюро переписи, выяснил, что из 111,2 миллиона американских семей лишь 49,7%, то есть 55,2 миллиона, состоят в официальном браке. Всего пятью годами раньше этот показатель превышал 52%. Люди все чаще выбирают другой образ жизни, и количество супружеских пар сокращается с каждым годом. В 1930 году этот показатель составлял около 84%, а к 1990-му сократился до 56%. В опросе не учитывалась сексуальная ориентация, но анкета была построена таким образом, чтобы отличить реальных партнеров от соседей по квартире.

В Великобритании в 2008 году количество гражданских браков заметно превзошло количество браков официальных — об этом сообщает Национальное статистическое бюро. С 1998-го по 2007 год количество взрослых, зарегистрировавших брак, сократилось на 8%. В 2007 году замужем было менее половины женщин в возрасте от 18 до 49 лет, тогда как в 1979 году их было почти 75%. В 2007 году незамужних женщин оказалось втрое больше, чем в 1979 году. В 2006 году в Англии и Уэльсе состоялось всего 236 980 свадеб — это самый низкий показатель с 1895 года. Брак сталкивается с серьезной конкуренцией со стороны другого образа жизни. Все больше людей предпочитают жить в одиночку или в гражданском браке.

Партнеры решают жить вместе по разным причинам, но, учитывая сложность процесса выбора дома, практические мотивы столь же важны, как и романтические: вдвоем жить дешевле, чем одному. Многие пары сегодня считают совместное проживание своеобразным испытанием для личных отношений.

Что бы ни сулило нам будущее, любить и быть любимым для человека жизненно необходимо. Калифорнийские медики в течение девяти лет наблюдали за семью тысячами мужчин и женщин. Они выяснили, что те, у кого не было контактов с друзьями, родственниками, соседями, любовниками или супругами, умирали в два-три раза чаще, чем более общительные участники эксперимента. В аналогичном исследовании в Швеции приняли участие 17 тысяч мужчин и женщин. Наблюдения продолжались шесть лет. Выяснилось, что люди, чувствовавшие себя одинокими, умирали в четыре раза чаще, вне зависимости от расы, пола и физической формы.

МОЖЕТ БЫТЬ, СОВРЕМЕННАЯ МОЛОДЕЖЬ ЛУЧШЕ ИНФОРМИРОВАНА?

В ходе одного из опросов, проведенных в Великобритании, выяснилось, что 80% подростков теряет девственность в состоянии опьянения или по принуждению. Больше половины занимаются сексом, не предохраняясь. Ученые опросили три тысячи школьников в возрасте от 15 до 18 лет и обнаружили, что 39% из них впервые занимались сексом при нежелании одного из партнеров. Почти 30% потеряли девственность по «негативным причинам» — например, желая доставить удовольствие бойфренду. Более того, 51% девочек и 37% мальчиков занимались сексом, не предохраняясь. 58% девочек и 39% мальчиков хотя бы раз занимались сексом без презерватива. Статистика выявляет поразительное невежество, которое и ставит подростков в опасное положение.

Изучение детей разведенных родителей показывает, что дети усваивают ту же стратегию поиска партнера, что и родители. Если родители разведены, дети рано понимают, что не обязательно всю жизнь зависеть от партнера. Они раньше взрослеют, у девочек раньше начинается менструация, подростки раньше начинают заниматься сексом, у них больше партнеров, чем у их сверстников, родители которых живут вместе.

«Дорогой, тебе не кажется, что ты излишне осторожен?»

Все это говорит о том, что в некоторых вопросах секса современная молодежь действительно более информирована, но молодые люди менее ответственно относятся к вопросам безопасности и подвергаются большему риску преждевременной беременности, венерических заболеваний и СПИДа, чем их родители в том же возрасте.

ПОЧЕМУ НОВАЯ ЛЮБОВЬ ВСЕГДА КАЖЕТСЯ СТОЛЬ ПРИВЛЕКАТЕЛЬНОЙ

История приучила человека тянуться к партнеру, с которым можно произвести на свет здоровое потомство. То же самое происходит и с другими животными. Вот почему нас иногда тянет к тем, кто не удовлетворяет ни единому критерию из нашего идеального списка. То, что ваше потомство окажется крепким и жизнеспособным, еще не означает, что вы будете жить долго и счастливо. Вот почему мужчина постоянно пытается убедить женщину в том, что она для него — единственная: «Я никогда в жизни никого так не любил!», «Между нами возникла глубокая духовная связь». Очень важно, чтобы женщина понимала, что мужчина, который говорит нечто подобное вскоре после знакомства, искренне верит в свои слова, потому что гормоны заставляют его говорить и делать что угодно, лишь бы поскорее уложить женщину в постель. Но женщина тоже находится под влиянием гормонов, которые убеждают ее поверить этим словам. А детектор лжи в такие моменты просто отключается. Не отказывайте себе в удовольствии и наслаждайтесь всеми радостями новой любви, но помните, что эмоционально гораздо безопаснее ожидать менее приятного результата, чем было обещано.

Пока мужчина не решил, что ему нужны постоянные отношения, женщина останется для него добычей, а сам он будет охотником. Большинство мужчин начинают новые отношения, вовсе не ожидая, что это навсегда. Мужчина хочет, чтобы женщина удовлетворяла его основные потребности и обеспечивала гормональный всплеск. А если гормоны перестают вырабатываться, он начинает скучать или ищет новую партнершу.

Мы совершенно разные

Существует масса доказательств того, что мужчины и женщины мыслят и ведут себя по-разному. Вот еще несколько.

Как принять душ по-женски

Снимите одежду и сложите ее в корзину для белья — белое отдельно, цветное отдельно, хлопок отдельно, шерсть отдельно.

Наденьте длинный пеньюар и отправляйтесь в ванную. Если по пути вы столкнетесь с мужем, прикройтесь и поспешите.

Посмотрите на свое отражение в зеркале и втяните живот.

Расстройтесь из-за того, что вы — толстая.

Встаньте под душ.

Найдите полотенце для лица, полотенце для тела, длинную мочалку, широкую мочалку и пемзу.

Вымойте волосы шампунем с огурцом и авокадо с 83 дополнительными витаминами.

Еще раз вымойте волосы шампунем с огурцом и авокадо с 83 дополнительными витаминами.

Нанесите на волосы бальзам с огурцом и авокадо, обогащенный натуральным апельсиновым маслом. Оставьте бальзам на волосах на 15 минут.

Натирайте лицо абрикосовым скрабом для лица в течение 10 минут, пока кожа не покраснеет.

Вымойте все тело имбирно-ореховым гелем для душа.

Споласкивайте волосы в течение 15 минут, чтобы тщательно смыть весь бальзам.

Побрейте подмышки и ноги. Подумайте, не побрить ли зону бикини, но потом отдайте предпочтение воску.

Громко закричите, когда муж сольет воду в туалете и на вас польется кипяток.

Выключите душ.

Вытрите все влажные поверхности в душе.

Сбрызните стены специальным средством, предотвращающим образование плесени.

Выйдите из душа.

Вытритесь полотенцем размером с небольшую африканскую страну.

Вытрите волосы другим, супервпитывающим полотенцем.

Осмотрите все тело на предмет лишних волосков. Удалите их ножницами или пинцетом.

Вернитесь в спальню в длинном пеньюаре, замотав голову полотенцем. Если муж увидит вас по дороге, запахнитесь поплотнее, уйдите в спальню и полтора часа одевайтесь.

Как принять душ по-мужски

Снимите одежду, сидя на краю постели, и бросьте ее на пол.

Голым пройдите в ванную. Если жена вас увидит, тряхните пенисом и громко крикните: «Буу-буу!»

Полюбуйтесь своим отражением в зеркале и втяните живот. Восхититесь размером пениса и почешите задницу.

Встаньте под душ.

Не ищите мочалку.

Вымойте лицо.

Вымойте подмышки.

Высморкайтесь и сполосните руки.

Удивитесь, насколько громко раздается в душе пуканье.

Большую часть времени мойте гениталии и прилегающие области.

Вымойте зад, оставив на мыле волоски.

Вымойте волосы с шампунем. (Не пользуйтесь бальзамом.)

Устройте на голове ирокез из пены.

Отдерните шторку, чтобы снова полюбоваться своим отражением.

Пописайте, целясь в сток.

Сполоснитесь и выйдите из душа. Не обращайте внимания на воду, которая натекла на пол, потому что шторка все время висела снаружи ванны.

Слегка вытритесь.

Посмотритесь в зеркало. Поиграйте мышцами. Еще раз восхититесь размерами пениса.

Оставьте шторку отдернутой, коврик мокрым на полу. Не выключайте ни вентилятор, ни свет.

Вернитесь в спальню, обмотавшись полотенцем. Распахните полотенце, тряхните пенисом, скажите жене: «Да, детка!» — и подвигайте бедрами.

Бросьте мокрое полотенце на постель. Наденьте вчерашнюю одежду.

ДЕЙСТВИТЕЛЬНО ЛИ ПРОТИВОПОЛОЖНОСТИ ПРИТЯГИВАЮТСЯ?

Старое клише «противоположности притягиваются» порождает больше проблем в отношениях между мужчинами и женщинами, чем что бы то ни было еще. Можно предположить, что партнеры идеально подойдут друг другу, если женщина любит порядок, а мужчина постоянно бросает одежду на пол, если он обожает футбол, а она терпеть не может спорт, если она любит ходить в музеи, а он — на дискотеки, если он трезвенник, а она почти алкоголичка. Все психологи, изучающие поведение и особенности отношений между партнерами, убеждены, что, хотя противоположности действительно притягиваются на ранних стадиях знакомства, в длительных отношениях это верный путь к напряженности и ссорам. Партнеры с различными убеждениями и ценностями обречены на разрыв.

Мы не хотим сказать, что все партнеры, непохожие друг на друга, расходятся. Некоторым удается сохранить свои отношения. Но чаще всего у непохожих партнеров постоянно случаются ссоры и разногласия. Это замедляет и затрудняет их продвижение к каким бы то ни было общим целям. Когда у партнеров разные жизненные цели, они тратят массу драгоценного времени, пытаясь утянуть друг друга в разных направлениях. Дэвид Басс выяснил, что пары, сумевшие построить самые прочные и длительные отношения, состояли из людей одинаковой расы, религиозной принадлежности и этнической группы, со сходными ценностями и взглядами на социальные, моральные, этические и политические проблемы.

Итак, чтобы построить успешные длительные отношения, ищите партнера со сходными убеждениями и ценностями. Другими словами, ищите того, кто на вас похож!

ХУДШИЕ ЛЮБОВНИКИ В МИРЕ

Кого же в мире считают лучшими и худшими любовниками? В 2005 году компания «Байер Хелскэр» опубликовала отчет «Секс и современная женщина». В ходе исследования были опрошены 12 065 женщин старше 40 лет из 15 стран мира. Ученые хотели выяснить уровень их сексуальной удовлетворенности. Опрос проводился в Бразилии, Франции, Германии, Италии, Мексике, Польше, Саудовской Аравии, Южной Африке, Испании, Турции, Великобритании, Австралии и Венесуэле. Вряд ли вы догадаетесь, где женщины оказались наиболее удовлетворены сексуально. В Саудовской Аравии! Следом идут Мексика, Испания, Италия и Венесуэла. Саудовские женщины оказались самыми удовлетворенными во всех отношениях (92%). 64% из них заявили, что «весьма удовлетворены». Почти все саудовские женщины считали, что сексуальное удовлетворение партнера «крайне важно» или просто «важно» (97%). Турецкие женщины оказались менее удовлетворенными во всех отношениях (65%), и только 32% из них были удовлетворены своей сексуальной жизнью.

*Женщины Саудовской Аравии —
самые сексуально удовлетворенные
женщины в мире!*

Доктор Джон Дин, консультировавший это исследование, считает, что в Саудовской Аравии и других арабских странах секс играет очень важную роль в браке. Это дар, которым нужно наслаждаться, и супруги должны поровну разделить его. В мусульманском мире сексом могут заниматься только супруги. Коран предписывает мужчинам уважать женщин и исполнять их желания. Очень важно проводить больше времени вместе. В Коране говорится: «Ни один из вас не должен набрасываться на жену, подобно животному, между вами должен появиться посланник — поцелуи и слова». В другом месте сказано: «И они (женщины) имеют те же права, что и (мужчины) имеют над ними». Женщины Саудовской Аравии прекрасно понимают значимость секса. Они хотят сами получать удовлетворение и готовы удовлетворять своих мужей.

КАК ОТНОСЯТСЯ К СЕКСУ ЖЕНЩИНЫ В ДРУГИХ СТРАНАХ

Женщины, которые сказали, что наиболее удовлетворены в сексе, придают этой сфере жизни большое значение. В Латинской Америке 92% женщин заявили, что удовлетворение партнера «крайне важно» или просто «важно», 91% так же оценили собственное удовлетворение, а 82% венесуэльских женщин назвали секс очень важной стороной жизни. Следом идут мексиканки — 80% из них заявили, что секс «важен» для них.

Только 61% англичанок сказали, что секс для них важен. Во Франции в этом признались всего 13% женщин.

Около 30% немок считают, что секс либо «не очень важен», либо «не важен вовсе». Так же считают 32% турецких женщин.

Спонтанность в сексе «очень важна» или просто «важна» для 92% итальянок и 91% польских женщин. А в Великобритании спонтанность в сексе назвали «очень важной» лишь 13% женщин. Это самый низкий показатель во всем исследовании.

Француженки хотели бы улучшить свою сексуальную жизнь (37%), а 26% «иногда» подумывали об этом. Итальянки кажутся более удовлетворенными — лишь 4% из них хотели улучшений, а 14% подумывали об этом «изредка».

КОГО НЕ ХВАТАЕТ?

Самыми неудовлетворенными женщинами западного мира оказались австралийки. 33% из них сказали, что сексуальная жизнь удовлетворяет их «не очень» или не удовлетворяет «совсем», тогда как средний глобальный показатель составил всего 16%. Лишь 26% австралиек назвали свою сексуальную жизнь «весьма удовлетворительной», а 36% сказали, что они «относительно счастливы».

В аналогичном опросе, проведенном социальной сетью WAYN.com, приняли участие 10 тысяч женщин из 50 стран. Основные вопросы сводились к тому, кого они считают лучшими любовниками и что им не нравится в мужчинах из разных стран. Судя по результатам, худшими любовниками были признаны немцы — из-за свойственного им эгоизма. Второе место заняли слишком стремительные шведы, а третье — грубые датчане. На четвертом месте оказались чрезмерно доминантные американцы. За ними следуют жители Уэльса (слишком сентиментальные), шотландцы (чересчур шумные) и турки (слишком потные). На десятом месте расположились толстые англичане, на одиннадцатом — пахучие греки, а на двенадцатом волосатые русские. Лучшими любовниками были признаны итальянцы и французы.

Женщина знакомится с мужчиной в баре. Они разговаривают, общаются и уходят вместе. Оказавшись в его спальне, женщина с удивлением видит повсюду плюшевых медведей. На нижней полке шкафа расположилась сотня симпатичных маленьких медвежат. Чуть повыше сидят медведи побольше, а на самой верхней полке устроились настоящие великаны.

Столь необычная коллекция очаровывает женщину. Она думает, что наконец-то познакомилась с нежным, чутким мужчиной. Женщина поворачивается к мужчине, они целуются, а потом занимаются страстным, горячим сексом.

После волшебной ночи любви женщина лежит рядом и мечтает. Потом она поворачивается и спрашивает: «Тебе понравилось, милый?»

«Выбери себе приз на нижней полке», — отвечает он.

ОЦЕНИТЕ СВОЮ УСПЕШНОСТЬ И СЕКСУАЛЬНОСТЬ ПО ЛАДОНИ

Ученые наконец-то сумели подвести научную основу под хиромантию. Исследования показывают, что практически все — от склонности к полноте до успехов в изучении наук, от сексуальной ориентации до подверженности болезням — можно оценить по длине пальцев руки.

Вот простой эксперимент, который вы можете провести прямо сейчас. Вытяните руку и постарайтесь максимально выпрямить пальцы. А теперь посмотрите, отличаются ли друг от друга по длине указательный и безымянный пальцы. Соотношение между ними связано с воздействием мужского гормона тестостерона в период внутриутробного развития.

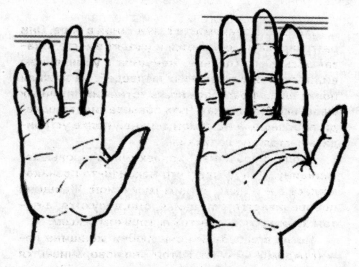

Типично женское соотношение   Типично мужское соотношение

Обычно у мужчин безымянный палец длиннее указательного, а у женщин наоборот. Чем выше уровень тестостерона, тем длиннее безымянный палец и тем более «мужественным» будет родившийся ребенок вне зависимости от своего пола.

Давно известно, что люди, у которых более длинный безымянный палец, добиваются успехов в спорте, особенно в беге и футболе. И наука дает этому разумное объяснение — такая длина пальца говорит о большом количестве рецепторов тестостерона. Указательный палец — показатель эстрогена. Различный уровень тестостерона подталкивает людей к различным профессиям, определяет сексуальную ориентацию и сексуальное влечение.

То есть человек, у которого указательный палец короче безымянного, отличается более высоким уровнем тестостерона, а тот, у кого указательный палец длиннее, получает больше эстрогена. Эти исследования объясняют, почему женщины с более длинным указательным пальцем более плодовиты, чем те, у кого указательный палец короче. Различие в длине пальцев может быть мизерным — 2—3%, но этот факт имеет определяющее значение.

> *«Вытяни руку и покажи мне твои пальцы», — попросил Айвор свою новую подружку. «Зачем?» — удивилась она. «Хочу полюбоваться твоим лаком для ногтей!»*

В 2007 году доктор Марк Броснан из Университета города Бат изучил 100 мужчин и женщин и выяснил, что более длинные указательные пальцы говорят о хороших вербальных навыках и врожденной грамотности. Эти мозговые функции обычно лучше развиты у женщин. Броснан также обнаружил, что дети — и мальчики, и девочки — с более длинными указательными пальцами лучше успевают по математике и физике. Более длинный указательный палец у мальчиков может говорить об аутизме, который в четыре раза чаще встречается у мальчиков, чем у девочек. Кроме того, эти мальчики подвергаются более серьезному риску инфаркта в молодом возрасте.

Профессор Джон Мэннинг, автор «Книги пальцев», утверждает, что соотношение между длиной пальцев закладывается на ранних стадиях беременности. Этот показатель говорит о влиянии на плод тестостерона и эстрогена и определяет будущий потенциал ребенка. Он изучал геев и выяснил, что их ладонь построена по женскому типу, что говорит о недостатке тестостерона в период внутриутробного развития.

В 2008 году Джон Коутс и его коллеги из Кембриджского университета изучили правые руки у 44 лондонских брокеров и взяли у них образцы слюны утром и вечером. Они наблюдали за этими мужчинами более 20 месяцев и выяснили, что те из них, у кого были более длинные безымянные пальцы, зарабатывали в 11 раз больше денег, чем те, у кого более длинными были пальцы указательные. В то же время более опытные брокеры зарабатывали примерно в девять раз больше, чем менее опытные. Подводя статистику по опытным брокерам, ученые выяснили, что те из них, у кого длиннее был безымянный палец, зарабатывали в пять раз больше тех, у кого длиннее был палец указательный. Кроме того, те, у кого утром был более высокий уровень тестостерона, в течение дня добивались весьма впечатляющих финансовых показателей. Ученые пришли к выводу о том, что соотношение между длиной пальцев влияет на успешность в активной торговле, требующей риска и быстрой реакции. Это можно объяснить тем, что высокий уровень тестостерона говорит об агрессивности, уверенности в себе и готовности к риску.

НАУКА БУДУЩЕЙ ЛЮБВИ

По-видимому, в будущем любовь будет во многом определяться наукой.

Генетические исследования брачного поведения до сих пор ограничивались изучениями животных или относительно простыми опросами. Самый впечатляющий эксперимент этого типа был проведен над североамериканскими мышами-полевками. Степная полевка — животное моногамное, а родственная ей полевка горная готова спариваться с кем угодно. Генетики из Университета Эмори в Атланте, штат Джорджия, Томас Инзель и Ларри Янг, обнаружили у моногамной степной полевки ген, которого не было у полигамной полевки горной. Простая генетическая манипуляция позволила «излечить» грызунов от склонности к беспорядочным связям. Вскоре можно будет генетически модифицировать человека с тем, чтобы сделать его моногамным или превратить в настоящего сексуального маньяка.

Когда происходит главный конфликт интересов у мужчины? Когда пиццу приносят во время секса.

КАК ОПРЕДЕЛИТЬ ПОДХОДЯЩЕГО ПАРТНЕРА

Ученые, изучающие связь между генетикой и брачными предпочтениями, обнаружили, что всех нас тянет к людям, обладающим определенным набором генов, называемым главным комплексом гистосовместимости (ГКГ). Это набор генов, который позволяет иммунной системе распознавать враждебное вторжение. Чем более разнообразны ГКГ у родителей, тем крепче иммунная система потомства. В 1995 году профессор биологии из швейцарского университета Лозанны Клаус Ведекинд провел знаменитый эксперимент с потной футболкой, который доказал, что мы бессознательно выбираем партнеров, чей ГКГ максимально отличается от нашего. Когда женщинам предложили понюхать футболки мужчин, не пользовавшихся дезодорантами, одеколоном или мылом, то наиболее сексуально привлекательными

Аллан и Барбара Пиз

им показались запахи тех мужчин, чей ГКГ заметно отличался от их собственного. Другое исследование, проведенное в 2002 году, показало, что люди действительно определяют ГКГ по запаху.

Однако, когда женщины принимают оральные контрацептивы, их предпочтения меняются. В 2005 году ученые на основе эксперимента, в котором приняли участие 58 женщин, установили, что после приема таких средств женщины стали отдавать предпочтение мужчинам со сходным с ними ГКГ. Те же, кто контрацептивных средств не принимал, не имели четко выраженных предпочтений. Это доказывает, что оральные контрацептивы меняют природные инстинкты женщин. Эти опыты доказывают, что люди в буквальном смысле слова способны почуять подходящих партнеров. Женщины предпочитают запахи мужчин с симметричными телами. Такова «химия любви». Именно это случается с вами, когда вы встречаете человека и по необъяснимой причине испытываете восторг от его присутствия рядом с вами.

Идеальный партнер находится прямо перед вашим носом.

На определение ГКГ влияют и расовые различия. В 2008 году профессор Питер Доннели, ученый-генетик из Оксфордского университета, установил, что ГКГ влияет на выбор партнера у белых американцев, тогда как для африканцев он не имеет никакого значения.

Разработаны специальные средства, которые могут заставить человека влюбиться, разлюбить или быстрее справиться с несчастной любовью. Так каково же будущее любви? Знание чего-либо часто порождает способность к манипуляции и контролю. Люди смогут делать себе прививки от любви. Такие средства остановят процессы страсти или романтической любви, которые возникают на первых этапах. Человек, имеющий печальный опыт личных отношений, может решить для себя, что не в состоянии вынести новую любовь. А кто-то защитит себя от романтики, которая мешает ему целиком сосредоточиться на карьере. Кто-то решит, что любовь — дорогое удовольствие и лучше обойтись без нее. А кто-то попытается избавиться от неудачного партнера, подсыпав средство для избавления от любви ему в суп...

Влюбленным будущее сулит такое, что сегодня можно увидеть только в кино.

ДЕСЯТЬ АРГУМЕНТОВ В ПОЛЬЗУ ТОГО, ЧТО СЕКС — ЛУЧШЕЕ ЛЕКАРСТВО

1. Секс избавляет от легкой депрессии, поскольку высвобождает эндорфины, вызывает чувство эйфории и ощущение благополучия.

2. Секс — естественный антигистамин. Секс помогает бороться с астмой и сенной лихорадкой. Никто еще не страдал насморком во время секса.

3. Во время секса сгорают калории, полученные во время романтического ужина.

4. Секс тренирует практически все мышцы тела. Это куда приятнее, чем двадцать раз проплыть туда и обратно в бассейне.

5. Когда женщины занимаются сексом, в их организме вырабатывается значительное количество эстрогена, а от этого волосы становятся блестящими, а кожа гладкой.

6. Чем чаще вы занимаетесь сексом, тем больше возможностей вам представляется. В организме сексуально активного человека вырабатывается масса феромонов. Эти вещества делают его неотразимым для представителей противоположного пола.

7. Секс в десять раз более эффективный транквилизатор, чем валиум.
8. Благодаря поцелуям слюна смывает остатки пищи с зубов и понижает уровень кислотности, который приводит к кариесу и отложению зубного камня.
9. Секс снимает головную боль, поскольку расширяются кровеносные сосуды в мозгу.
10. Спокойный, расслабленный секс снижает вероятность возникновения дерматита, сыпи и пигментных пятен на теле. Пот очищает поры, благодаря чему кожа начинает сиять.

ВО ВЛАСТИ ПОЛИТКОРРЕКТНОСТИ

Политкорректное лобби все еще продолжает упорно сопротивляться валу доказательств того, что мы рождаемся различными от природы, и эти различия определяют наши предпочтения. Любой родитель, у которого есть сын и дочка, быстро это понимает. Родители одинаково любят сыновей и дочерей, предоставляют им равные возможности, дети растут в равных условиях, но их характеры и реакции совершенно различны. Дайте плюшевого мишку трехлетним малышам. Девочка начнет ласкать игрушку, даст ей имя и сделает ее своим любимым другом. Мальчик залезет на забор и зашвырнет медведя подальше или разорвет его на части, чтобы посмотреть, как он устроен. Девочка будет терпеливо высматривать птичку, поющую на дереве, а ее брат попытается сбить несчастное создание из рогатки. Родители никогда не учат детей ничему подобному — эти реакции являются врожденными. Поэтому мужчины никогда не перестанут таращиться на женщин с пышной грудью, а женщины — обращать внимание на хорошо сложенных мужчин с золотыми часами, тугими ягодицами, обаятельной улыбкой и дорогой машиной.

КТО КОМУ ДОСТАЕТСЯ?

В жизни встречается незначительное количество весьма привлекательных потенциальных партнеров. Эти люди желанны для большинства окружающих, хотя брачный рейтинг самих окружающих сравнительно невысок. Вот почему большинство людей останавливаются на партнерах, обладающих сходным с их собственным брачным рейтингом. Ежедневно мы бессознательно совершаем мелкие поступки, которые по сути своей направлены на поиск хорошего партнера. Например, немногие женщины сознают, что покупка крема от морщин, или губной помады, или бальзама, от которого волосы становятся блестящими, направлена на повышение своих шансов в конкурентной борьбе с другими женщинами за мужское внимание. Мужчины, тягающие штанги в спортивных залах, не задумываются над тем, что хотят превзойти других мужчин и выглядеть истинными охотниками, способными загнать и победить крупного зверя и принести домой добычу. Другими словами, мужчины хотят выглядеть так, словно располагают средствами и ресурсами.

Поскольку мужские и женские критерии постоянно расширяются, партнеры просто не могут сосуществовать без периодических конфликтов. Жизненные обстоятельства меняются, меняются и отношения. Признав, что конфликты неизбежны, и разработав стратегию решения конфликтных ситуаций по мере их возникновения, вы сделаете свою жизнь с партнером относительно спокойной. Бесконфликтные отношения встречаются только в любовных романах, да и то редко — без конфликта роман становится скучным. Чтобы личные отношения были счастливыми, нужно научиться понимать и удовлетворять потребности партнера.

....

«Отношения подобны работе на полную ставку.
Именно так их и нужно воспринимать.
Если партнер хочет вас бросить, он должен уведомить о своем намерении за две недели.
Следует предусмотреть выходное пособие и бонус, а до ухода партнер должен найти себе замену — хотя бы временную».

Боб Эттингер

....

ПОЧЕМУ ЭВОЛЮЦИЯ ПРАКТИЧЕСКИ ЗАКОНЧИЛАСЬ

И в популярной, и в научной прессе любят печатать отчеты об исследованиях, доказывающих различия между мужчинами и женщинами, но при этом совершенно не обращают внимания на те результаты, которые показывают практически полное отсутствие различий между полами. Очень легко забыть, что у мужчин и женщин гораздо больше сходства, чем различий, что люди меняются со временем — и в личном, и в общественном плане. Основные когнитивные гендерные различия за последние три десятилетия значительно сократились — в том числе и «традиционные», такие как характерные для женщин вербальные, а для мужчин математические способности.

Объяснить это можно современной теорией о том, что детские игры больше не делятся на чисто «мужские» и чисто «женские». Поведение самым тесным образом связно с гормонами и развитием когнитивных навыков и мозговых структур. Например, игра в салочки, которая раньше была более распространена среди мальчиков, способствует развитию пространственных способностей.

Вот четыре полезных совета, которые сделают ваши личные отношения гармоничными и счастливыми.

Найдите «тренера по отношениям» — человека, который будет трезво и отстраненно следить за вашим поведением в рамках новых отношений.

Не ждите, что новый партнер станет «тем самым единственным». Если верить статистике, это, скорее всего, будет не так. Согласитесь с тем, что неудачные личные отношения вполне могут перерасти в долгую и крепкую дружбу.

Не верьте в курортные романы. Многие люди ошибочно считают, что отпуск, проведенный вместе, может возродить или укрепить отношения. Путешествия — это сильнейший стресс. Многие отношения во время отпуска портятся из-за неумеренного потребления алкоголя, повышенной эмоциональности и незнакомого окружения. Никогда не ездите с новым партнером в такие места, с которыми у вас связаны воспоминания о прежних отношениях.

Не думайте, что после рождения ребенка все

станет хорошо. Многие партнеры ошибочно верят в то, что рождение ребенка волшебным образом устранит все проблемы в их отношениях. Скорее всего, все будет наоборот. Младенец становится центром внимания, сексуальная жизнь партнеров замирает, а проблемы только усугубляются. Никогда не заводите детей, если не уверены в крепости и стабильности ваших личных отношений и в том, что вы оба действительно хотите иметь ребенка. В противном случае несчастье, развод и множество проблем вам гарантированы.

КОГДА СЛЕДУЕТ ОБСУЖДАТЬ ПРОБЛЕМЫ

Обычно разговоры о том, что нам нравится, а что не нравится в нашей сексуальной жизни, возникают тогда, когда подобная мысль приходит в голову. К сожалению, это случается до, во время или сразу после секса, а это худшее время для таких разговоров, поскольку оба партнера чувствуют себя уязвимыми. Встретьтесь где-нибудь вне дома — на пляже, в парке или кафе — и обсудите эти вопросы спокойно. В такой обстановке оба партнера смогут сохранить объективность, поскольку секс в ней маловероятен (по крайней мере, для большинства людей).

> *«Ты никудышный любовник!» —*
> *возмущается она. «И как же ты это*
> *поняла за четыре минуты?» —*
> *удивляется он.*

Когда женщина становится старше, ситуация осложняется. Женщина меняется, и ей нужна поддержка мужчины. Она хочет, чтобы ей говорили, что она все еще сексуальна и привлекательна. Не получая такой под-

Почему мужчины хотят секса, а женщины любви

305

держки, женщина может начать отвергать мужчину в постели. Мужчина должен понять эту ситуацию и чаще говорить женщине комплименты. А женщина должна понимать, что, когда мужчина хочет секса, он настолько возбужден, что не замечает ни морщин, ни целлюлита.

РЕЗЮМЕ

Тот факт, что большая часть наших предпочтений и сексуальных влечений являются врожденными, не означает, что мы — безропотные жертвы собственной биологии. Мужчины вовсе не обречены на жизнь сексуальных маньяков из-за врожденной тяги к разнообразию. Женщины не должны считать себя обязанными постоянно пилить мужчин за их нежелание принимать на себя обязательства. Люди отличаются от других животных тем, что способны определять и менять свое поведение, делая сознательный выбор. Понимая мотивы любого выбора, мы способны отвечать за собственное поведение и его последствия. Наличие выбора означает, что оправдывать недопустимое поведение больше нельзя. Нельзя заявлять: «Я был смертельно пьян и не помню, что случилось», «Я не мог контролировать себя», «Меня заставил это сделать Дарвин!». Мозг обычного мотылька позволяет ему ориентироваться по свету луны и звезд, но, подобно людям, мотыльки оказались в среде, которая более не терпит врожденного поведения. Сегодня мы оказались в положении мотыльков, которые летят на свет и сгорают в пламени. Именно так ведут себя люди, которые отказываются признать и понять происхождение собственных желаний. Мы в состоянии держаться подальше от пламени.

Да, действительно, вполне политкорректно было бы

предположить, что мужчины и женщины с психологической точки зрения одинаковы. Однако подобное предположение ведет к путанице, несчастью и личным трагедиям. Пока мужчина не превратился в асексуальное существо, чего хотелось бы некоторым феминисткам, он всегда будет искать молодую, здоровую и плодовитую партнершу. Со своей стороны, женщина всегда будет отдавать предпочтение мужчине, имеющему статус, власть и средства.

> *Понимание того, откуда мы произошли и как сформировались наши мотивы, поможет нам контролировать свое настоящее и определять будущее.*

Некоторые люди продолжают утверждать, что мужчины и женщины ничем не отличаются друг от друга и имеют одинаковые предпочтения и влечения. Это все равно что заявить, что погода больше не бывает ни жаркой, ни холодной, а всегда одинакова. На самом же деле погода есть погода, нравится нам это или нет. Притворяться, что наши сексуальные различия свелись к минимуму, это все равно что притворяться, что у мужчин больше не растут волосы на лице, а у женщин больше нет груди. Мы только тогда сможем полностью принять друг друга, когда прекратим отрицать или имитировать свои желания, поймем происхождение и предназначение собственных нужд и разработаем стратегию, которая позволит управлять этими различиями. И тогда мы сможем делать действительно осознанный выбор, перестав быть запутавшимися, беспомощными жертвами эволюции.

* Обсуждайте проблемы в нейтральной обстановке, заранее договорившись об этом. Тогда вы оба сможете расслабиться и будете более объективными.
* Мужчины и женщины различны. Мы не лучше и не хуже друг друга. Просто мы — разные.
* Тем не менее мы способны совершать выбор. Поняв собственные различия, мы сможем сделать более разумный выбор в пользу счастливого будущего.

По данным Всемирной организации
здравоохранения, каждый день в мире происходит
170 миллионов половых актов.
Учитывая численность населения Земли,
прямо сейчас:
69 763 395 человек занимаются сексом;
48 816 098 человек целуются;
27 250 951 человек отдыхают после секса;
и 1 дальновидный человек читает эту книгу.

Благодарности

Мы искренне благодарны всем, кто внес свой вклад в работу над этой книгой, вольно или невольно. Вот эти люди:

Келли Брадтке, Эндрю и Джоан Пэриш, Децима Макколи, Ребекка Шелл, Мелисса Стюарт, Жасмин Пиз, Камерон Пиз, Брэндон Пиз, Белла Пиз, Адам Селлерс, Джон Макинтош, Норман Леонард, Кен Райт, Аманда Гор, Даниэль Кларк, доктор Дженет Холл, Кол и Джилл Хэст, Кирсти и Скотт Гудерхэм, Фил Грей, Ширли Нили и Дэнни Редман, Дес Уилмор, Берни де Соуза, доктор Джеймс Мойр, Хелен и Ян Белчер, Роджен Луган, Иванна Фугалот, доктор Геннадий Полонский, Кристина Уолдинг, Джефф Тернер, Джон Лейнсмит, Салли Бергхофер, Роб и Сью Ким, Дейв Стюарт, Дэвид С. Смит, доктор Джон Тикел, профессор Грэм Джексон, Тони Рич, доктор Майкл Уолш, Ангус Вудхед, Фиона Хеджер, Гэри Крик, Энтони Горман, Брайан Трейси, Дженни Купер, Айвор Эшфилд, Тревор Велт, Джо Эбботт, Алан Холлидей, Грэм Шилс, Шорти Талли, Керри-Энн Кеннерли, Сью Уильямс, Джанин Гуд, Берт Ньютон, Грэм Смит, Кевин Фрейзер, Эмма и Грэм Стил и Гленда Леонард.

И особое спасибо Дори Симмондс и Рэю и Рут Пиз!

СОДЕРЖАНИЕ

Аллан и Барбара Пиз

Глава 7
КАК НАЙТИ ПОДХОДЯЩЕГО ПАРТНЕРА — ОЦЕНКА ПАРТНЕРСКИХ КАЧЕСТВ 180

Глава 8
15 МУЖСКИХ ЗАГАДОК, КОТОРЫХ ЖЕНЩИНЫ НЕ ПОНИМАЮТ 217

Почему мужчины хотят секса, а женщины любви

Аллан и Барбара Пиз — всемирно известные эксперты в области межличностных взаимоотношений и языка телодвижений. Их книги изданы тиражом более 20 миллионов экземпляров.

Знаменитая книга Аллана Пиза «Новый язык телодвижений» разошлась тиражом свыше 5 миллионов экземпляров, более 100 миллионов человек посмотрели одноименный сериал, занимавший верхнюю строчку TV–рейтинга.

Аллан много путешествует по миру, читая лекции на тему межличностных коммуникаций. Кроме того, им написано восемь других книг, в разное время ставших бестселлерами № 1.

Барбара Пиз — исполнительный директор компании Pease International, которая выпускает видеопродукцию, а также организует тренинги и семинары для частных и правительственных организаций по всему миру.

Книги, вышедшие на русском языке в издательстве «Эксмо»:

Новый язык телодвижений

Язык взаимоотношений

Язык разговора

Язык письма

Искусство коммуникации в сетевом маркетинге

Насколько вы совместимы?

Почему мужчины врут, а женщины ревут

Как заставить мужчину слушать, а женщину молчать

Говорите точно... Как совместить радость общения и пользу убеждения

Почему он все откладывает на последний момент, а ей всегда не хватает времени

www.Peaseinternational.com

WHY NOT USE ALLAN PEASE AS GUEST SPEAKER FOR YOUR NEXT CONFERENCE OR SEMINAR?

Pease International Pty Ltd (Australia) | Pease International Ltd (UK)

PO Box 1260, Buderim 4556, Queensland, AUSTRALIA

Tel:	+61 7 5445 5600, Fax: +61 7 5445 5688
Email (Aust):	info@peaseinternational.com
Email(UK):	ukoffice@peaseinternational.com
Website:	www.peaseinternational.com

Allan and Barbara Pease are the internationally renowned experts in human relations and body language, whose 20 million book sales have turned them into household names worldwide.

Allan Pease's acclaimed «Definitive Book Of Body Language» has sold over 5 million copies and more than 100 million people have watched his top-rating TV series. Allan travels the world lecturing on human communication and has written eight other #1 bestselling books.

Barbara Pease is CEO of Pease International, which produces videos, training courses and seminars for businesses and governments worldwide. She is the co-author of the major international #1 Bestselling book «Why Men Don't Have A Clue And Women Always Need More Shoes».

www.Peaseinternational.com

Научно-популярное издание

Аллан Пиз
Барбара Пиз

ПОЧЕМУ МУЖЧИНЫ ХОТЯТ СЕКСА,
А ЖЕНЩИНЫ ЛЮБВИ

Ответственный редактор *В. Краснощекова*
Художественный редактор *Е. Гузнякова*
Технический редактор *Н. Носова*
Компьютерная верстка *Л. Панина*
Корректор *Н. Овсяникова*

ООО «Издательство «Эксмо»
127299, Москва, ул. Клары Цеткин, д. 18/5. Тел. 411-68-86, 956-39-21.
Home page: **www.eksmo.ru** E-mail: **info@eksmo.ru**

Подписано в печать 10.02.2010.
Формат 60х90 $^1/_{16}$. Гарнитура «Фрисет». Печать офсетная.
Бумага кн.-журн. Усл. печ. л. 20,0.
Доп. тираж 5000 экз. Заказ № 1317

Отпечатано с готовых файлов заказчика в ОАО «ИПК
«Ульяновский Дом печати». 432980, г. Ульяновск, ул. Гончарова, 14